GEWÄHLTE WORTE

EDITION PANDORA

Herausgegeben von
Gennaro Ghirardelli

Band 34

Florian Coulmas

GEWÄHLTE WORTE

Über Sprache als Wille
und Bekenntnis

Campus Verlag
Frankfurt/New York

Redaktion: Ursel Bamberger, Frankfurt

Die Deutsche Bibliothek – CIP-Einheitsaufnahme

Coulmas, Florian :
Gewählte Worte : über Sprache als Wille und Bekenntnis /
Florian Coulmas. – Frankfurt/Main ; New York :
Campus Verlag, 1996
(Edition Pandora ; Bd. 34)
ISBN 3-593-35580-9
NE: GT

Umschlaggestaltung: Atelier Warminski, Büdingen
Satz: Typo Forum Gröger, Singhofen
Druck und Bindung: Druckhaus Beltz, Hemsbach
Gedruckt auf säurefreiem und chlorfrei gebleichtem Papier.
Printed in Germany

INHALT

Kein Mensch muß müssen.
Gotthold Ephraim Lessing

Aan Judith, voorbeeld en moeder van
gelukkige kinderen zonder moedertaal,
met liefde opgedragen

und für zwei andere Vorbilder,
Ulysses und Azur

VORWORT

Als Folge der zunehmenden Mobilität der Weltbevölkerung sind immer mehr Menschen immer öfter dazu gezwungen zu entscheiden, in welcher Sprache und wie sie miteinander reden. Immer mehr Menschen sind auch dazu in der Lage, zwischen verschiedenen Möglichkeiten sprachlichen Ausdrucks zu wählen. Immer mehr soziale Milieus entstehen, in denen sich Sprachgruppen überlappen, in denen Menschen im täglichen Leben mehr als eine Sprache benutzen. Immer mehr Familien verfügen über mehrere Sprachen und machen regelmäßig Gebrauch davon. Das gibt Anlaß, über Sprache als Gegenstand der Wahl und Entscheidung nachzudenken.

Der vorliegende Versuch nahm seinen Anfang, als ich mich in einem sehr speziellen mehrsprachigen Milieu befand, als Fellow am Wissenschaftskolleg zu Berlin. Im Rektorat, in den Kolloquiumsräumen, in der Bibliothek und in den Arbeitszimmern der Wallotstraße 19 sind stets diverse Sprachen zu hören, und am Mittagstisch, wo man sich täglich in unterschiedlicher Sitzordnung bewirten läßt, wird zunächst einmal die Sprache ausgehandelt, in der man konversiert, nicht selten wird hin und hergewechselt. In einem Vortrag am Wissenschaftskolleg habe ich die Parameter aufgezeigt, die für die Sprachenwahl von Individuen und Gruppen relevant sind. Die vielen Gespräche, die ich in der

Folge mit Fellows des Jahrgangs 1994/95 darüber hatte, haben mich dazu ermutigt, meine Gedanken hierzu weiter auszuarbeiten und zu diesem Essay zusammenzufassen. Für diese Gelegenheit empfinde ich dem Wissenschaftskolleg, seinem Rektor Wolf Lepenies und den anderen Fellows gegenüber große Dankbarkeit.

Ohne das mehrsprachige Milieu, in dem ich das Glück habe zu leben, wäre dieses Buch nicht zustandegekommen. Jenen, mit denen ich es teilen darf, ist es deshalb gewidmet.

Tokio im Januar 1996

I

Die Wahl der Worte und der Sprachen

Entscheidung oder Zwang?

Sobald wir anheben, etwas zu sagen oder zu schreiben, treffen wir Entscheidungen. Wir müssen entscheiden, wie wir das, was wir mitteilen wollen, sagen, welche Worte wir wählen, welche Sprache, welchen Code, welchen Stil. Zu entscheiden haben wir, in welche Formulierung wir unsere Mitteilung kleiden, um sicherzustellen, daß sie verstanden wird. Die Wahl, die wir unvermeidlich treffen, wenn wir anderen sprachlich gegenübertreten, ist zudem für unser gesellschaftliches Dasein von großer Bedeutung. Wer wir sind, als wer oder was wir uns darstellen; wozu wir uns bekennen, ergibt sich auf dem Hintergrund herrschender Erwartungen aus der Wahl unserer Worte.

In diesem Buch geht es um die Frage, warum wir unsere Worte so wählen, wie wir es tun. Es geht insbesondere darum, *daß* wir unsere Worte wählen. Obwohl das auf der Hand zu liegen scheint, erübrigt es sich nicht, darauf mit Nachdruck hinzuweisen; denn nicht immer wird diesem Aspekt der Sprache, den Wahlmöglichkeiten, die sie eröffnet, viel Beachtung geschenkt. Viel häufiger wird Sprache als eine Struktur beschrieben, die für uns Entscheidungen trifft, da ihre Systemhaftigkeit gerade darin besteht, daß die Möglichkeiten des Ausdrucks eingeschränkt werden. Im Deutschen muß jedes Substantiv ein Geschlecht haben, es muß weiblich, männlich oder sächlich sein. Ein viertes Geschlecht gibt es nicht, und darauf verzichten, einem Substantiv ein Geschlecht zuzuweisen, kann man auch nicht. Im Chinesischen kann man hingegen Löffel, Messer und Gabel nicht männlich, sächlich und weiblich sein lassen. Im Deutschen, Niederländischen und Französischen unterscheidet man zwischen *du* und *Sie*, aber im Englischen kann man einen solchen Unterschied in der pronominalen Anredeform nicht machen, und das Japanische verlangt, daß man zwischen sechs oder sieben verschiedenen Formen auswählt. Im Griechischen werden abgeschlossene und einmalige Handlungen im perfektiven, andauernde oder wiederholte Handlungen im nicht-perfektiven Aspekt des Verbs dargestellt. Die Formen dafür sind verschieden. Für den perfektiven Aspekt gibt es eine gesonderte Stammform, den Aorist, der wie der Indikativ flektiert wird. In den slawischen Sprachen ist ein ähnlicher Unterschied grammatikalisch kodiert. Anders als in Sprachen, die dafür lexikalische Mittel benutzen, kann die Unterscheidung zwischen perfektiv und nicht-perfektiv in den slawischen Sprachen und im Griechischen also nicht unausgedrückt bleiben. Und so weiter. Aufgrund solcher offensichtlicher Zwänge, denen wir beim Sprechen unterliegen, wird Sprache gern als Restriktion, als Filter unserer Gedanken, in extremen Fällen als Gefängnis des kreativen Geistes dargestellt.

Entscheidungsfreiheit oder Beschränkung, das ist jedoch eine Frage der Perspektive. Die Herauskehrung der die Sprache konstituierenden Restriktionen suggeriert einen objektiven Charakter: die Sprache als soziale Tatsache, als ein Ding mit bestimmten Eigenschaften, mit denen der sprechende Mensch als etwas objektiv Gegebenem konfrontiert ist. Derselbe sprechende Mensch ist es jedoch, der der Sprache diese Eigenschaften gibt, indem er als einzelner und kollektiv Präferenzen für Sprachformen entwickelt und sich ihnen entsprechend verhält. Solche Präferenzen zu thematisieren, heißt, den subjektiv-individuellen Aspekt der Sprache in den Vordergrund zu schieben, heißt, statt auf die Beschränkung und die Dinghaftigkeit unsere Aufmerksamkeit auf die Wahl und das Prozeßhafte in der Sprache zu richten. Hier steht die Wahl zentral: Wer spricht, wählt aus.

Daß wir uns manchmal *un*willkürlich äußern, ja wünschen, wir hätten etwas nicht gesagt; und daß Form und Inhalt vieler Äußerungen, die wir hören, uns keineswegs in dem Glauben bestärken können, ihnen seien planerische Überlegungen vorausgegangen, kann die Behauptung, daß jeder Äußerung Entscheidungen zugrundeliegen, nicht entkräften. Nur, wie auch in anderen Bereichen menschlichen Handelns, wird nicht jede Entscheidung bewußt getroffen, noch ist jede Entscheidung – gemessen an den gegebenen Zwecken – optimal. Wir machen Fehler. Aber dennoch: Niemand ist gezwungen, auf eine bestimmte Weise oder überhaupt zu sprechen. Jede Formulierung hat Alternativen zur Voraussetzung, zumindest das Schweigen. Wäre das nicht der Fall, bestünde keine Notwendigkeit, überhaupt etwas zu sagen. Indem wir uns sprachlich äußern, bedienen wir uns zwar eines uns von der Sprachgemeinschaft zur Verfügung gestellten Mediums; indem wir es uns jedoch aneignen und mit jeder einzelnen Äußerung tragen wir unmerklich dazu bei, es zu tradieren und zu verändern. Ein Thema dieses Buches ist also, wie individuelle Entscheidungen von sozialen Gegebenheiten abhängen und auf diese zurückwirken. Wie sehr ist die Sprache des einzelnen gesellschaftlich vermittelt, fragen wir, und wie trägt der einzelne zu ihrer Ausformung bei?

Was wir wählen müssen

Mit der Sprache erwirbt das Kind Freiheit und wird gleichzeitig zu einem sozialen Wesen. Wieviel Sozialität – also: Möglichkeiten der Teilnahme an Diskurswelten – und wieviel Individualität – also: Möglichkeiten des unverwechselbar eigenen Ausdrucks – einzelne mit der Sprache erwerben, ist sehr unterschiedlich. Diesbezügliche Unterschiede sind freilich gradueller, nicht prinzipieller Art. Die Wahlmöglichkeiten des einzelnen sind mehr oder weniger beschränkt, aber die gegebenen Beschränkungen sind nicht ein für allemal bindend, sondern lassen sich überwinden, denn jede Sprache ist ein offenes System. Das Kind, das unter normalen Bedingungen den ersten Schritt in die Sprache tut, erwirbt damit bereits die Fähigkeit, seine Individualsprache auszubauen, von der es sein Leben lang Gebrauch machen wird, um den sich stellenden kommunikativen Ansprüchen gerecht werden zu können. Da sich das sprechende Individuum typischerweise nicht an sich selbst, sondern an andere richtet, von denen es erwartet und wünscht, daß sie das Gesagte verstehen, kann es sich mit seiner Individualsprache nicht zu weit von den herrschenden Konventionen entfernen. Ein bißchen aber schon, und in dem Maße, in dem es das tut, trägt es zur Veränderung und Anpassung der Sprache der Gesellschaft bei. Fürs Schreiben gilt das nicht weniger als fürs Sprechen.

Die Sprache des einzelnen reflektiert lebensgeschichtlich spezielle Ansprüche und Notwendigkeiten, und dementsprechend haben wir mit einer großen Variation der Bandbreite der Register, aus denen einzelne Sprecher wählen können, zu rechnen: Die individuellen sprachlichen Repertoires sind nicht gleich groß. Aber auf eine einzige Sprechweise reduziert sind Menschen nur in pathologischen Fällen. Der *homo loquens* beherrscht in aller Regel eine ganze Reihe unterschiedlicher Register und Sprachformen, die er je nach Situation, Gesprächspartner, Sprech- oder Schreibzweck einsetzt, um seine kommunikativen Bedürfnisse zu erfüllen. Wenige Menschen sprechen mit ihren Kindern genauso wie mit dem Kinderarzt, mit Freunden so wie mit Vorgesetzten, mit Passanten so wie mit Geliebten. Das unterscheidet sie von Sprechmaschinen. Für alle Menschen ist es normal, daß zuhause anders gesprochen wird als im Büro, auf dem Markt, in der Kirche oder in der Schule. Schon Kinder unter sich sprechen anders, als in Gesellschaft Erwachsener. Ohne daß es ihnen unbedingt explizit beigebracht wird, lernen sie sehr früh, daß ihre Sprechweise sie als Mitglieder verschiedener Gruppen ausweist und die Entscheidung für die eine oder die andere es ihnen erlaubt, verschiedene Seiten ihrer Person hervorzukehren. *Ich weiß das auch nicht* besagt zwar dasselbe wie *ik wees dat ooch nich*, aber die sozialen Attribute, die mit der Standardsprache assoziiert sind, decken sich nicht mit denen des Berliner Dialekts.

Die Bezeichnung der eigenen Person als *ich* oder *ik* gibt derselben einen jeweils anderen Charakter. Die Schriftsprache bietet auch das *wir* als eine viel genutzte Option, die den Leser miteinbezieht oder die Individualität des Autors in den Hintergrund treten läßt. Das erreicht auch der Sprecher, der in öffentlichen Reden das Pronomen für die Selbstbezeichnung vermeidet und statt sich als Person den Amtsträger sprechen läßt. *Dieser Bundeskanzler wird dafür sorgen, daß ...*, pflegte beispielsweise Willy Brandt zu sagen.

Durch die Entscheidung für eine bestimmte Form der Selbstbezeichnung, für einen Dialekt, einen Stil schaffen wir die Rahmenbedingungen für die Einschätzung unserer Person durch die Angesprochenen. Ebenso zeigen wir durch die Wortwahl, wie wir eine Aussage bewerten und bewertet wissen wollen. Auf ein und dieselbe Sache kann man sich mit verschiedenen Ausdrücken beziehen, etwa indem man von *Schwangerschaftsunterbrechung* oder *Kindesmord*, *Terroristen* oder *Freiheitskämpfern*, *ethnischer Säuberung* oder *Genozid* spricht. Aus dem Wege gehen kann man solchen Entscheidungen nicht, denn »über die Dinge so reden, wie sie sind« ist keine Option, da die Bedeutung des Gesagten in jedem Fall von den Beteiligten ausgehandelt wird.

Zwischen den Möglichkeiten der Sprache auszuwählen, um sich mitzuteilen, läßt sich nicht vermeiden, und wählen müssen wir in bezug auf Einheiten aller Ebenen des Sprachsystems. Gewählt werden, angefangen bei den kleinsten Einheiten, die Artikulationsart einzelner Laute (z. B. ein Zungen-*r* oder ein Rachen-*r*), morphologische Ableitungsformen (z. B. *meines Bruders* oder *von meinem* Bruder), Wörter und Wendungen aus dem Lexikon (z. B. *Rechner* oder *Computer*). Auf den höheren Ebenen der Organisation des Sprachsystems stellen sich Alternativen in grammatischen Konstruktionen. Man kann sagen: *Er fragte sie: »Warum bleiben wir nicht hier? Hier ist es schön.«* oder: *Er fragte sie, warum sie nicht dort blieben, dort sei es schön.* Wir wählen rhetorische Figuren: *Es ist nicht ganz ohne Interesse* gegenüber *es ist irrsinnig spannend* und Stile, die sich unter anderem in der Wortwahl manifestieren: *hinscheiden, heimgehen, sterben, ableben, abkratzen*. Und so weiter.

Normalität und Abweichung

In der Normalität des alltäglichen Gesprächs schenken wir den Wahlmöglichkeiten und Entscheidungsprozessen wenig Beachtung. Unser Sprachverhalten ist über weite Strecken repetitiv und daher automatisiert, so etwa wie die mechanischen Aspekte des Autofahrens. Wenn wir vom zweiten in den dritten Gang schalten, tun wir das, ohne darüber nachzudenken, wann und daß wir es machen müssen, und ohne uns bewußt zu werden, daß man zu diesem Zweck die Hand zum Schalthebel führt, diesen aber nicht bewegt, bevor man mit dem linken Fuß das Kupplungspedal hinabgedrückt hat, welchem nach Umlegung des Schalthebels erlaubt werden muß, von der Feder wieder in seine Ausgangsstellung zurückgezogen zu werden, etc. Daß derartige automatisierte Handlungen bzw. die automatisierten Bestandteile solcher Handlungen ohne unseren Willen erfolgten, läßt sich trotzdem nicht behaupten.

Der Bereich des geistig und gesellschaftlich Normalen ist durch Kontrolle über das Sprechverhalten charakterisiert. Selbstkorrekturen beim Sprechen sowie die Auffälligkeit und manchmal Komik von Versprechern weisen darauf hin, daß wir die Ergebnisse unserer Sprechtätigkeit kontinuierlich mit einem internen Monitor beobachten. Wenn diese Kontrollinstanz nicht richtig arbeitet, kommt es zu Erscheinungen, die gemeinhin als pathologisch eingestuft werden, zu Sprachfehlern. Unter diesen unscharfen Begriff fallen Phänomene durchaus unterschiedlicher Natur. Einerseits kann die Funktionsfähigkeit der Sprechorgane – Atmungsorgane, Zunge, Gaumen, Lippen, etc. – beeinträchtigt sein, wie etwa beim Lispeln, das in der Unfähigkeit besteht, artikulatorisch zwischen verschiedenen Zischlauten zu differenzieren. Andererseits handelt es sich um durch Gehirnläsionen verursachte Reduktion oder

Ausschaltung höherer Steuerfunktionen der Sprachproduktion, was sich in verschiedenen aphasischen Syndromen äußert wie etwa Wortfindungsschwierigkeiten, Wortwiederholung, Ersetzung eines Worts durch ein bedeutungs- oder lautähnliches, zwanghaftes Hervorbringen eines nicht-interpretierbaren Wortschwalls. In ihrer Pathogenese weisen diese Erscheinungen erhebliche Unterschiede auf, und sie fallen in so unterschiedliche Fachgebiete wie die Sprecherziehung, Neuropsychologie und Aphasiologie. Ihnen allen gemein und im vorliegenden Zusammenhang von alleinigem Interesse ist, daß sie auf einer Einschränkung der Kontrollfähigkeit beruhen. Sprachbeherrschung heißt: wählen können; Einschränkungen der Wahlmöglichkeiten sind abweichend.

Soziale Skripten

Neben physisch und psychisch bedingten Einschränkungen der Wahlmöglichkeiten im Sprechverhalten gibt es solche sozialer Natur. Manche Situationen scheinen keine Wahl zu bieten. In institutionellen oder ritualisierten Kontexten etwa ist der Wortlaut von Äußerungen und deren Abfolge wie in einem Skript festgelegt. Die der Äußerung eines *Ja, ich will* oder *Ich schwöre* oder *Im Namen des Vaters und des Sohnes und des Heiligen Geistes* zugrundeliegenden Entscheidungen sind für den einzelnen bereits von der Gesellschaft, von der Tradition getroffen. Aber ein wenig Spielraum für den Ausdruck von Individualität durch Betonung, Sprechgeschwindigkeit, Klarheit der Artikulation bleibt selbst bei feststehenden Redewendungen, die an ritualisierte Sprechhandlungen gebunden sind. Außerdem muß man sich ja nicht im strengen und prinzipiellen Sinne an das Skript halten. Der voluntaristische Charakter des Sprechens kann durch den Hinweis auf vorgeformte Formeln, Sprechmuster und Szenarios nicht grundsätzlich in Frage gestellt werden.

Abweichungen vom Skript – so mögen die gesellschaftlichen Erwartungen an das Sprechverhalten des einzelnen genannt werden – sind möglich, werden jedoch sanktioniert. Die größere oder geringere Bereitschaft, sich Sanktionen auszusetzen, unterscheidet Individuen, und die Fähigkeit, sich über Sanktionen hinwegzusetzen, soziale Gruppen. Joseph Beuys hat alle Leute geduzt, auch die, mit denen er zum erstenmal umging, obwohl das Skript von Erwachsenen, die sich nicht kennen, *Sie* verlangt. Die Quaker in Amerika benutzen für die Anrede das dem deutschen *du* entsprechende mittelenglische Pronomen *thou*, womit sie ihrer Überzeugung von der Gleichheit aller Menschen vor Gott Ausdruck verleihen wollen. Viele Menschen, denen entweder Gott oder die Gleichheit der Menschen vor Gott egal ist oder die nicht der Meinung sind, daß diese mit *thou* besser als mit *you* zum Ausdruck kommt oder überhaupt verbal zum Ausdruck gebracht werden muß, nehmen daran Anstoß. Der Rückhalt, den die Quaker in ihrer Religionsgemeinschaft haben, erlaubt es ihnen jedoch, trotzdem an ihrer Wahl bzw. an der Abweichung vom Skript für die Anrede im Englischen festzuhalten.

Am wirkungsvollsten werden Abweichungen vom Skript dadurch sanktioniert, daß man nicht verstanden wird oder daß der vollzogenen Sprechhandlung nicht die intendierte Funktion zugestanden wird. Wenn ein Richter auf dem platten Land in Niedersachsen eine Verhandlung beginnt, indem er sagt: *Denn man lous!*, könnte eine der streitenden Parteien, vielleicht die unterlegene, später geltend machen, daß gar keine Verhandlung stattgefunden habe, da sie nicht in der vorgeschriebenen Form durch die explizite Erklärung *Die Verhandlung ist eröffnet* eingeleitet worden sei. Um über so eine Beschwerde zu entscheiden, würde dann auf die Verfahrensordnung Bezug genommen werden.

Sprachwahl des Individuums

Als die Grüne Volksvertreterin Sevim Çelebi-Gottschlich im April 1987 ihre Rede im Berliner Abgeordnetenhaus auf türkisch begann, schlugen die Abgeordneten der oppositionellen CDU skandalisiert auf den Tisch. Ihr wurde sofort das Wort entzogen.

Diese Form der Sanktionierung von Sprechverhalten ist in institutionellen Kontexten möglich, wo die Verteilung des Rederechts von Amts wegen auf der Grundlage einer Geschäftsordnung geregelt wird. Frau Çelebi-Gottschlich hatte die falsche Sprache gewählt, auch wenn sie dieselbe mit 140 000 Bürgern der Stadt teilte. Gewiß hätte sie ihre Rede auch auf deutsch beginnen können, aber sie hatte ihre Gründe, hier vom Skript abzuweichen.

Mit den Wörtern, die wir wählen, wählen wir also auch verschiedene Sprachen bzw. Sprachformen, die wir als Sprachen zu bezeichnen gewohnt sind – Türkisch, Deutsch, Niederländisch, Jiddisch etc. Was sich hinter solchen Bezeichnungen verbirgt, muß in Kapitel II gesondert besprochen werden. Im gegebenen Zusammenhang können wir uns damit zufrieden geben, zu unterstellen, daß es ein intuitives Verständnis dafür gibt, was es heißt, daß jemand eine andere Sprache spricht, obwohl das so klar gar nicht ist. Würde zum Beispiel der Präsident des Berliner Abgeordnetenhauses einem Abgeordneten das Rederecht entziehen, der seine Rede mit einem lateinischen Zitat beginnt? Vermutlich nicht, aber wie wäre es, wenn er drei Seiten von Cicero im Original verläse? Oder wenn er seine Rede mit so vielen Latinismen oder Anglismen spickte, daß mancher Zuhörer nichts oder wenig verstünde? Welche Sprache so jemand spräche, könnte eine schwer zu beantwortende Frage werden. Könnte der Präsident des Abgeordnetenhauses zum Beispiel festlegen oder –stellen, daß eine Rede, die zu mehr als 23% aus Latinismen oder Anglismen besteht, es nicht verdient, deutsch genannt bzw. im Abgeordnetenhaus gehalten zu werden?

Das Gesamtrepertoire der sprachlichen Mittel vieler Menschen schließt Wörter mehrerer Sprachen ein. Ihr kommunikativer Alltag verlangt es von ihnen, daß sie zwischen Ausdrucksformen auswählen, die wir gewöhnlich verschiedenen Sprachen zuordnen. Zu den Kriterien, nach denen sich die jeweils zu treffende Wahl richtet, gehören der Ort und die Situation: zu Hause, beim Einkaufen, in der Schule, beim Gottesdienst, im Flugzeug, im Bett; der Gesprächspartner: das eigene Kind, ein unbekannter Erwachsener, der Vertreter einer Institution, eine Vorgesetzte, ein Untergebener, ein Fremder; und der gegebene Zweck: ein Verkaufsgespräch, eine Bitte um Auskunft, ein Flirt, ein offizieller Bescheid. Aus der getroffenen Wahl ist mehr zu entnehmen, als der Inhalt der gemachten Mitteilung. Sie besagt etwas darüber, wie wir eine Sprechsituation einschätzen und gestalten wollen, was für eine soziale Beziehung wir zu unserem Gesprächspartner haben oder haben wollen, wie wir selbst gesehen werden wollen.

Diskrete Systeme?

Gemäß der verdinglichenden Auffassung von Sprache, gegen die wir uns richten, sind die Sprachformen, derer man sich in solchen Milieus bedient, diskrete und voneinander unabhängige Systeme. Aus der Perspektive des beim Sprechen aus seinen sprachlichen Ressourcen auswählenden Individuums empfiehlt es sich jedoch eher, diese als *ein* System zu denken, dessen verschiedene Bestandteile für verschiedene Zwecke eingesetzt werden. Die diesbezüglichen Wahlmöglichkeiten reichen von der lexikalischen Anleihe des gelegentlich eingestreuten Wortes einer anderen Sprache bis zum Umschalten von einer Sprache zur anderen. Ob dabei z. B. zwischen Berlinisch und Hochdeutsch oder zwischen Deutsch und Türkisch gewählt wird, macht, wie hier gezeigt werden soll, einen graduellen, aber keinen prinzipiellen Unterschied.

Deutsch und Türkisch gelten als zwei verschiedene Sprachen, Deutsch und Berlinisch hingegen als zwei Ausprägungen einer Sprache; das ist aber eine analytische Unterscheidung, die nur einen Teil der Sprachwirklichkeit des Individuums erfaßt. In Luxemburg sind Deutsch, Französisch und Lëtzebuergesch in Gebrauch; in Colmar Französisch, Deutsch und Elsässisch; in Berlin-Kreuzberg Deutsch, Berlinisch und Türkisch; in Freiburg im Üechtland Deutsch, Freiburg-Deutsch und Französisch; und so weiter. Die Koexistenz solcher Sprachformen und das Hin- und herschalten zwischen ihnen läßt sich einerseits als Aufeinandertreffen mehrerer Systeme beschreiben. Damit erfaßt man jedoch nur einen Teil der Systematik, die dem regelmäßigen Gebrauch zweier oder mehrerer Sprachformen auf der individuellen und sozialen Ebene zugrundeliegt. Ein weiterer liegt gerade in den Bedingungen, die das Umschalten von einer Form zur anderen bestimmen. Daß es solche Bedingungen gibt, zeigt sich am deutlichsten daran, daß Verstöße gegen sie als solche wahrgenommen werden. Das Skript, dem die Sprecher durch die Wahl ihrer Worte gehorchen oder eben nicht, beinhaltet also auch die Sprachen, zu denen die Worte gehören. In mehrsprachigen Milieus ist das evident, gilt jedoch auch für Milieus, die nach dem Selbstverständnis der Menschen einsprachig sind. In beiden Fällen wird die Wahl des falschen Worts und der falschen Sprache sanktioniert. Das Umschalten selbst ist ebenso wenig zufällig wie die Wahl einzelner Worte, sondern durch Regeln geleitet. Im Alltag vieler Menschen besteht unauffälliges Sprechverhalten – ein Sprechverhalten also, das eine relative Konformität des einzelnen mit einer Gruppe gewährleistet – im regelhaften Umschalten von einer Sprache zur anderen an strukturell erwartbaren Stellen des Redeflusses und in sozial vorgegebenen Kontexten. Die Fähigkeit dazu ist ein zentrales Element ihrer Sprachkompetenz, die deshalb als aus zwei unabhängigen Sprachsystemen bestehend sehr unzulänglich beschrieben ist.

Sanktionen

Sanktionen für Abweichungen vom Skript sind nur für wenige Bereiche des Sprechverhaltens ausdrücklich formalisiert, so wie etwa in der Geschäftsordnung des Berliner Abgeordnetenhauses; aber sie sind deshalb nicht weniger existent. Ebenso wie Frau Çelebi-Gottschlich im Abgeordnetenhaus für die Verwendung des Türkischen bestraft wurde, könnte ihr Sprechverhalten sanktioniert werden, wenn sie sich in einer anderen Berliner Umgebung – z. B. im türkischen Café in der Crellestraße – für

Deutsch entschiede, für die das Skript Türkisch vorsieht (selbst wenn die Beteiligten keine Verständnisprobleme mit dem Deutschen hätten). Das falsche Wort der falschen Sprache kann durch einen fragenden oder überraschten Blick, durch Stirnrunzeln, nachäffende Wiederholung, Tadel, durch tatsächliches oder vorgegebenes Nicht-Verstehen, durch Abbruch des Gesprächs oder durch Bedrohung der körperlichen Unversehrtheit sanktioniert werden; letzteres zum Beispiel, wenn eine Sprache in einen politischen Konflikt hineingezogen wird wie das Kurdische in der Türkei. Gewöhnlich erübrigt es sich, Sprechverhalten und Sprachwahl tatsächlich zu sanktionieren; das Wissen um die Sanktionsandrohung genügt durchaus, um die meisten Sprecher mit ihrer Wahl dem von ihnen als gültig anerkannten Skript gehorchen zu lassen.

Auffälligkeit

Es gibt freilich immer Menschen, die mit ihrer Sprachwahl ein bestehendes Skript umschreiben wollen. Zum Beispiel Paracelsus, der 1527 in Basel begann, auf deutsch medizinische Vorlesungen zu halten, was als eine schwere Bedrohung des Establishments empfunden wurde. Oder ganz ähnlich, aber noch eineinhalb Jahrhunderte später, Christian Thomasius, der zum Wintersemester 1687/88 an der Leipziger Universität die erste deutschsprachige Vorlesung darüber ankündigte, *in welcher Gestalt man denen Franzosen in gemeinem Leben und Wandel nachahmen solle* und damit die ganze auf lateinisch dozierende Gelehrtenschaft gegen sich aufbrachte und nach Halle überwechseln mußte. Oder Geoffrey Chaucer, der im ausgehenden vierzehnten Jahrhundert, als das Skript für Poeten mit gehobenen Ansprüchen in England Lateinisch oder Französisch vorsah, dem Englischen als Sprache seiner Dichtung den Vorzug gab.

Paracelsus, Thomasius und Chaucer vollzogen bewußte Entscheidungen und taten ebenso wie Çelebi-Gottschlich etwas Unerwartetes. Ihre Sprachwahl entsprach nicht dem geltenden

Skript, sie war auffällig. Die Wahl unserer Worte, ob sie nun einzelne Ausdrücke – Joseph Beuys' unterschiedsloses *du* – oder Sprachen – Çelebi-Gottschlichs unbotmäßiges Türkisch – betrifft, ist bezüglich jeder Situation entweder auffällig oder unauffällig. Das Sprechverhalten ist entweder normal, also: normgerecht, oder weicht von der Normalität ab. Durch jede Sprechhandlung wird die Norm bestätigt oder unterminiert, so daß sie sich langsam wandelt. Den eigenen Vater mit dem Vornamen anzureden, ist heute weniger auffällig als vor dreißig Jahren, während *Herr Papa* umgekehrt viel auffälliger ist als vor ein oder zwei Generationen. Letztere Form kommt kaum noch vor, gehört also nicht mehr zu den möglichen Varianten, die in dem gesellschaftlichen Skript für die Anrede des Vaters vorgesehen sind. Da unser Sprechverhalten in der großen Mehrzahl aller Fälle unauffällig ist, entgeht die Tatsache, daß es immer Resultat von Entscheidungen ist und auf Auswahl beruht, leicht unserer Aufmerksamkeit.

Macht

Oft sind die Möglichkeiten der Wahl der einsetzbaren Sprachmittel zwischen Gesprächspartnern nicht gleich verteilt. Sprachgebrauch beinhaltet häufig eine Komponente der Macht, die mehr oder minder deutlich fühlbar ist. Dialektsprecher sind gezwungen, sich der Standardsprache zu bedienen, um mit den Institutionen des Staates zu kommunizieren. In Schule, Gericht, Finanzamt etc. haben Dialekte keine Gültigkeit. Wer darauf Wert legt, sich am Gespräch der wissenschaftlichen Öffentlichkeit zu beteiligen, muß seine Erkenntnisse, insbesondere wenn es sich um solche der Naturwissenschaften handelt, auf Englisch veröffentlichen. Daß die Sprecher einer Sprache diskriminiert werden, deren Gebrauch verboten oder nur im privaten Bereich zugestanden wird, kam und kommt viel häufiger vor, als in einsprachigen Milieus bzw. von Sprechern dominanter Sprachen für möglich gehalten wird. Katalanisch durfte im francistischen Spanien nicht einmal auf einem Grabstein stehen. Kurdisch darf in der Türkei nicht schriftlich verwendet werden. In Frankreich wurden lokale Sprachen wie Bretonisch, Katalanisch, Okzitanisch, Elsässisch und Deutsch lange Zeit systematisch unterdrückt. Und so weiter.

Nicht immer werden die Verhältnisse, durch die eine Sprache auf bestimmte soziale Bereiche beschränkt ist, als Unterdrückung und Beschneidung der Freiheit des einzelnen empfunden. Wo das aber der Fall ist, insbesondere wo Sprachdiskriminierung eine Stellvertreterfunktion für soziale Diskriminierung erfüllt, kommt es oft zu schweren, manchmal blutigen Konflikten. Sie lassen den voluntaristischen Charakter der Sprachwahl sowie der Existenz der Sprachgemeinschaft unmißverständlich in Erscheinung treten. Daß Katalanisch in Spanien heute offiziellen Status genießt und seit 1990 unter bestimmten Bedingungen in EU-Institutionen verwendet werden darf; daß die Frage, ob Korsisch neben Französisch als zweite offizielle Sprache Korsikas anerkannt werden sollte, überhaupt diskutiert und nicht mehr totgeschwiegen wird; daß das britische Parlament 1992 ein Gesetz verabschiedete, mit dem die Gleichstellung von Walisisch und Englisch in Wales beschlossen wurde – das sind Ergebnisse gezielter Initiativen von Mitgliedern der betreffenden Sprachgemeinschaften, die beredtes Zeugnis davon ablegen, daß die Entwicklung von Sprachen kein natürlicher Prozeß ist, nicht dem Lauf der Dinge überlassen bleibt, sondern von ihren Sprechern durch bewußte Wahl beeinflußt wird.

Um die Beeinflussung des Sprachgebrauchs und dadurch der Sprachentwicklung ringen die Wortführer der Gesellschaft und deren Widersacher auch auf der Mikroebene der einzelnen Formulierung. Dem Verlangen nach dem besseren Wort liegen verschiedene Motive zugrunde, wobei es nur manchmal einfach ist, politische und soziale von linguistischen zu unterscheiden. Bewußte Eingriffe in Sprachgebrauchskonventionen, Erweiterungen des Wortschatzes, Ächtung und Tabuisierung von Ausdrücken und sprachkritischen Bestrebungen, den ideologischen Charakter gängiger Formulierungen durch Alternativen sichtbar zu machen, zeigen einmal mehr, daß der voluntaristische Charakter von Sprache am deutlichsten zu Tage tritt, wo auffällige Entscheidungen getroffen werden. Kapitel IV bietet Einblicke.

Sprachwahl der Gesellschaft

Ebenso wie die Wahl der Formulierung hat Sprachwahl, obwohl sie in der konkreten Gesprächssituation vom Individuum vollzogen werden muß, eine soziale Dimension. Menschliche Zusammenschlüsse der verschiedensten Größe und Art – Familie, Firma, Religionsgemeinschaft, Nation, Internationale Organisation – wählen die Form, in der sie sich sprachlich äußern und darstellen. Sie wählen die Sprache, mit der sie Kohäsion im Innern und Abgrenzung nach außen leisten. Auf der kollektiven Ebene geschieht Sprachwahl einerseits implizit durch Gebrauch und andererseits explizit durch Statuszuweisung. Manche Staaten bestimmen ihre offizielle(n) oder Nationalsprache(n) per Gesetz oder in ihrer Verfassung – Arabisch in Syrien, Französisch in Frankreich, Niederländisch, Französisch und Deutsch gleichberechtigt in Belgien – ; in anderen hat sich eine solche mangels ersichtlicher Alternative eingebürgert: Deutsch in Deutschland, Englisch in den Vereinigten Staaten. Der voluntaristische Aspekt des sich so auf die eine oder andere Weise äußernden Verhältnisses eines Kollektivs zu seiner Sprache stellt einen wesentlichen Anteil an der Beantwortung der Frage dar, was eine Sprache ist. Die Sprachwissenschaft hat sich dafür wenig interessiert. Für die Sprachsoziologie aber ist diese Problematik von zentraler Bedeutung, obwohl keineswegs alle ihrer Vertreter bereit sind, Sprachen als Produkte kollektiver Entscheidungen und Ausdruck kollektiver Willen zu betrachten, wie es in diesem Buch geschieht.

Natürliche Sprache als Ding

In der modernen Sprachwissenschaft spielen sprechende Menschen eine sehr untergeordnete Rolle, denn als ihren eigentlichen Gegenstand betrachtet sie die *natürliche Sprache*. Dieser wichtige Begriff hat verschiedene Aspekte, die für das Nachdenken über Sprache folgenreich sind. »Natürlich« steht einerseits im Gegensatz zu »künstlich«. Hier ist die Tradition des neunzehnten Jahrhunderts wirksam, der Sprachen als organisch gewachsene Wesen galten, die entspringen, erblühen, altern und absterben, wobei sie ihren eigenen Gesetzen folgen. Der einzelne Mensch hat keinen Einfluß darauf, vielmehr ist er in seinen Möglichkeiten, die Welt zu begreifen und sich ein Bild von ihr zu machen, von den naturwüchsigen Formen der Sprachen abhängig. Auf diesen Aspekt, den Wilhelm von Humboldt zur Lehre vom sprachlichen Weltbild verdichtete und der in dem von Eward Sapir und Benjamin Whorf formulierten sprachlichen Relativitätsprinzip noch immer in der wissenschaftlichen Diskussion eine Rolle spielt, wird im dritten Kapitel näher eingegangen.

Eine Konsequenz daraus, Sprache als natürliches Objekt zu verstehen, ist das Bestreben, beobachtbare sprachliche Regularitäten auf allgemeine Gesetze zurückzuführen, die den Charakter von Naturgesetzen haben. »Natürlich« heißt in diesem Sinne für Chomsky, den heute bedeutendsten und einflußreichsten Vertreter seines Fachs, daß Sprache angeboren ist bzw. auf einer genetisch vorgegebenen spezifischen Sprachfähigkeit beruht, die von anderen Komponenten des menschlichen Geistes bzw. Gehirns unabhängig ist. Jede Sprache ist lediglich Ausdruck dieser Fähigkeit, die zu aktivieren das Individuum nicht mehr als einen minimalen Input von außen benötigt. Aufgabe der Wissenschaft von der so verstandenen Sprache ist es, universelle Strukturgesetze zu ermitteln, deren Kenntnis es erlaubt, diese Fähigkeit zu rekonstruieren.

Obwohl sich verschiedene Orientierungen der modernen Sprachwissenschaft, wie sie etwa mit den Namen Chomskys und Whorfs verbunden sind, in vieler Hinsicht stark voneinander unterscheiden, stimmen sie in einem zentralen Punkt überein: Sprache wird als Gegenstand begriffen, dem der sprechende Mensch ausgeliefert ist. Der Spielraum des Individuums und sein Beitrag zur Sprachkonstruktion werden minimiert, ja, weitgehend ignoriert. Dafür, daß jede Sprache Resultat konkreter Spracharbeit, also von Menschen geschaffen ist, daß jedes einzelne Wort jeder Sprache auf einen individuellen Akt der Wortschöpfung zurückgeht, daß jede einzelsprachliche Struktur durch die Summe individueller Auswahlprozesse modelliert worden ist, dafür gibt es in den Hauptströmungen der Linguistik wenig Interesse. Die einzige Person, der zugebilligt wird, für die Gewinnung linguistischer Erkenntnis eine Rolle zu spielen, ist der ominöse *native speaker* oder »Muttersprachler«, der angeblich privilegiertes Wissen über seine Muttersprache besitzt. Dieser Begriff beruht jedoch auf zwei Annahmen, gegen die dieses Buch Stellung bezieht, da sie sich bei näherer Inspektion als fadenscheinig erweisen. Die eine, mit der in Kapitel VI aufgeräumt wird, ist, daß es einen kategorialen Unterschied zwischen Muttersprache und anderen Sprachformen gibt, die andere, daß jemandes Muttersprache ein gegebenes Ding und als solches eine Fatalität ist.

Sprache als soziales Konstrukt

Die hier gebotene Alternative lenkt den Blick auf die individuellen und sozialen Akte der Auswahl und Entscheidung, die an der Konstruktion von Sprache Anteil haben. Nur als Konstrukt hat Sprache eine Existenz, in jedem Individuum wird sie durch sein aktives Zutun rekonstruiert. Jeder Mensch wählt und konstruiert seine eigene Muttersprache. Daß er dazu biologisch ausgestattet ist, ist unbestreitbar, besagt jedoch nicht mehr, als daß jede menschliche Sprache eine menschliche Sprache ist, also nur solche Eigenschaften aufweist, die vom menschlichen Gehirn und den Organen der Sprachproduktion und –wahrnehmung differenziert und verarbeitet werden können. Auch als soziales Phänomen existiert Sprache nur als Konstrukt, insofern nämlich, als die Identität einer Einzelsprache nicht in ihren intrinsischen Eigenschaften gründet, sondern allein in der Bereitschaft der Sprachgemeinschaft, sie, die Identität, zu erkennen. Die Frage, wie die Identität einer Sprache konstituiert und von anderen Identitäten abgegrenzt wird, ist Gegenstand des folgenden Kapitels.

Um den Gedanken, daß Sprache ein menschliches Produkt

ist, fruchtbar zu machen, müssen zwei Gefahren gemieden werden: die Skylla eines biologistischen Reduktionismus, der Sprache nur als natürliche Gegebenheit gelten lassen will, und die Charybdis eines soziologistischen Determinismus, nach dem Sprache eine soziale Tatsache ist, die den einzelnen beherrscht. Einen Weg zwischen diesen beiden Klippen hindurch weisen die heuristischen Fragen, wieso der einzelne so spricht, wie er spricht, und wie individuelle Entscheidungen im Sprachverhalten in kollektive Sprachwahl und Sprachveränderung übersetzt werden. Das Individuum soll zu Wort kommen, sein Beitrag zur Sprachgenese ernstgenommen werden. Die Sprachmeister, die sich professionell mit der Wahl der Worte befassen, sind ein instruktives Beispiel. Im fünften Kapitel soll ihnen auf die Finger geschaut werden.

In den verschiedenen Wissenschaften vom Menschen gilt das Individuum nicht viel. Ihre Anstrengungen waren hauptsächlich darauf gerichtet, seine Freiheit in Abrede zu stellen und es als Ausgeburt und Opfer zu porträtieren, das gänzlich von Produktivkräften (Marx), dem Unbewußten (Freud), Verwandtschaftsstrukturen (Lévi-Strauss) und Sprache (de Saussure, Whorf, Chomsky) determiniert ist.

Mit diesem Buch soll eine Lanze für das sprechende Individuum gebrochen werden, ohne dessen Willen keine Sprache Bestand haben kann. Freilich kann dieser Wille nicht in der Konstruktion einer Privatsprache ausgelebt werden, sondern muß auf den verallgemeinerten anderen gerichtet sein, in dessen Bereitschaft, Äußerungen als sinnvoll zu akzeptieren, das individuelle Sprechverhalten ein Korrektiv findet. Sprache leistet die Vermittlung zwischen Einzelwillen. Eben darin ist ihre soziale Natur begründet. Die Funktion als Medium gesellschaftlicher Vermittlung muß stets aufs neue bestätigt werden. Wie sich im abschließenden Kapitel zeigen wird, ist jede einzelne Sprache somit Ausdruck eines kollektiven Willens.

II

DEUTSCH – EINE WOLKE: VARIATIONEN ÜBER EIN THEMA

1. Zeit

Ich saz ûf eime steine
und dahte bein mit beine.
dar ûf satzt ich den ellenbogen.
ich hete in mîne hant gesmogen
daz kinne und ein mîn wange.
dô dâhte ich mir vil ange,
wie man zer welte solte leben.
deheinen rât kond ich gegeben,
wie man driu dinc erwurbe,
der keinez niht verdurbe.
diu wolte ich gerne in einen schrîn:
jâ leider desn mac niht gesîn,
daz guot und weltlich êre,
und gotes hulde mêre
zesamene in ein herze komen.
stîg unde wege sint in benomen:
untriuwe ist in der sâze,
gewalt vert ûf der strâze,
fride unde reht sint sêre wunt.
diu driu enhabent geleites niht,
diu zwei enwerden ê gesunt.

Ist das deutsch? Jeder weiß, was Deutsch ist. Also müßte sich diese Frage mit einem eindeutigen ja oder nein beantworten lassen. »Ja, in gewisser Hinsicht« oder »das kommt darauf an« zu antworten, wäre eine gewisse Peinlichkeit, die Peinlichkeit nämlich, zugeben zu müssen, daß wir nicht recht wissen, worüber wir sprechen. Ob sie es zugeben oder nicht, damit müssen sich alle abfinden, die mit Sprachen zu tun haben. Es ist ein spezieller Fall der allgemeinen Schwierigkeit, über etwas zu sprechen, ohne es zu benennen.

Wir könnten auch versuchen, einer direkten Beantwortung der Frage auszuweichen, und z. B. sagen, das sind Sätze, die Walther von der Vogelweide geschrieben hat, der berühmte Minnesänger, der so um 1170 geboren wurde und später in Wien und an anderen Fürstenhöfen des Heiligen Römischen Reichs für seine Kunst in Lohn und Brot stand. Wenn Walther uns mitteilt, »wol vierzec jâr hab ich gesungen oder mê« oder klagt, »owê war sint verswunden allin mîniu jâr«, so können wir das ohne große Mühe verstehen. Aber hilft uns das viel weiter? Es gibt berechtigte Zweifel; denn einerseits können sich viele Leute gegenseitig verstehen, die es gewohnt sind, das, was sie sprechen, als verschiedene Sprachen zu bezeichnen – z. B. Italiener und Spanier oder Dänen und Norweger –, und andererseits bietet, daß zwei glauben, dieselbe Sprache zu sprechen, keine Gewähr dafür, daß sie einander verstehen, und zwar nicht im Sinne des Interpretierens des Sinngehalts der Aussage, sondern schlicht die ausgesprochenen Wörter. Das Kriterium der gegenseitigen Verständlichkeit taugt nicht viel, wenn es darum geht, in bezug auf diesen oder jenen Text bzw. diese oder jene Äußerung zu entscheiden, ob das deutsch ist oder nicht.

Oft spielt bei der Beantwortung dieser Frage das Verstehen überhaupt keine Rolle. Viele Nationalisten des neunzehnten und zwanzigsten Jahrhunderts, die Walther für ihre Zwecke vereinnahmten, hätten ohne Zögern geantwortet, »natürlich, deutscher geht's gar nicht«, ob sie ihn nun verstanden oder nicht. Aber das ist ein anderer Diskurs, auf den wir noch zurückkommen werden.

Wer ungeübt ist in der Lektüre mittelalterlichen Minnesangs könnte nun mit einigen von Walthers Versen durchaus Verständnisschwierigkeiten haben. Solche auszuräumen, kann man ein Wörterbuch befragen (z. B. Lexer 1977), dem zu entnehmen ist, daß *ange* ›Sorgfalt‹ bedeutet und *dicke* ›oft‹; daß *gesmogen* das Partizip Perfekt von *smiegen* ist, was soviel bedeutet wie »in etwas drücken« und das *dehein* sowohl ›kein‹ als auch ›irgendein‹ bedeuten kann. Wenn man sich dann noch heraussucht, daß *dahte* ›deckte‹, *dâhte* aber ›(nach)dachte‹ heißt, kann man Walthers Gedicht mehr oder weniger entschlüsseln. Mehr oder weniger.

Oder man spart sich diese Mühe und greift statt zum Wörterbuch zu einer Übersetzung, zum Beispiel der von Peter Wapnewski (zit. nach Conrady 1977):

> Ich saß auf einem Stein,
> und schlug ein Bein über das andere.
> Darauf stützte ich den Ellenbogen.
> Ich hatte in meine Hand geschmiegt
> das Kinn und meine eine Wange.
> So erwog ich in aller Eindringlichkeit,
> wie man auf dieser Welt zu leben habe.
> Keinen Rat wußte ich zu geben
> wie man drei Dinge erwerben könne
> ohne daß eines von ihnen verlorenginge.
> Zwei von ihnen sind Ehre und Besitz,
> die einander oft Abbruch tun;
> das dritte ist die Gnade Gottes,
> weit höher geltend als die beiden andern.
> Die wünschte ich in ein Gefäß zu tun.
> Aber zu unserm Leid kann das nicht sein,
> daß Besitz und Ehre in der Welt
> und dazu Gottes Gnade
> zusammen in ein Herz kommen.
> Weg und Steg ist ihnen verbaut,
> Verrat lauert im Hinterhalt,
> Gewalttat zieht auf der Straße,

Friede und Recht sind todwund:
bevor diese beiden nicht gesungen,
haben die Drei keine Sicherheit.

Der Übersetzung können wir entnehmen, was Walther sagen wollte, mehr oder weniger jedenfalls, so nämlich, wie Wapnewski das sieht, der sich mit der Sache beschäftigt hat. Ob er mit seiner Version richtig liegt oder nicht, ob man etwa *ange* nicht wie er mit ›Eindringlichkeit‹, sondern lieber mit ›Besorgnis‹ oder ›Sorge‹ übersetzen sollte, darüber wollen wir hier nicht streiten. Für uns von Belang ist allein die Tatsache, daß es eine Übersetzung gibt und ein Wörterbuch, das uns hilft, die Sprache Walthers in etwas, was wir eher als die unsere erkennen, zu übersetzen. Wenn man etwas übersetzt, sind dann nicht das, woraus und das, worein man übersetzt, verschiedene Sprachen? Aber gewiß. Eine der wichtigsten Mitteilungen, die ein zweisprachiges Wörterbuch macht, ist diese: »Hier werden zwei Sprachen aufeinander bezogen. Die aufgelisteten Wörter gehören zwei verschiedenen Sprachen an.« Wenn es ein Wörterbuch gibt, sind die, die es benutzen oder sich in den Schrank stellen, gewöhnlich bereit, was darin festgehalten ist, eine Sprache zu nennen. Die Titel von Wörterbüchern verraten, was in ihnen dargestellt werden soll: die Sprache X bzw. der Wortschatz der Sprache X.

Die Sprache Walthers und anderer Schriftzeugnisse seiner Zeit wird »Mittelhochdeutsch« genannt, ein Name, der in Verbindung mit der gegenständlichen Fixierung dieser Sprachform, nämlich den mit Anspruch auf Objektivität vorgelegten Wörterbüchern, die Vorstellung nährt, er bezeichne ein klar definiertes und abgrenzbares Phänomen. In der Sprachgeschichtsschreibung steht das Mittelhochdeutsche zwischen dem ihm vorausgehenden Althochdeutschen und dem Neuhochdeutschen, also einer Sprachform unserer Zeit. Diese Periodisierung bestimmt die historische Wahrnehmung der Sprache als einer sich in organischer Entwicklung befindlichen Entität mit eigener, wesenhafter Identität. Seit Jacob Grimm gilt die Dreiteilung in Alt-, Mittel- und Neuhochdeutsch unangefochten, obwohl über mögliche Verfeinerungen der drei Perioden viel geschrieben worden ist (z. B. Wolf 1984).

Wenn wir die drei genannten Etiketten benutzen, scheint nur plausibel, daß es Wörterbücher gibt, die sie als voneinander unterschiedene und getrennte Phänomene behandeln. Andererseits jedoch legen sie durch den ihnen gemeinsamen Bestandteil nahe, daß es sich bei dem, was sie bezeichnen, nicht um drei disparate Dinge handelt, sondern um ein und dasselbe in verschiedenen Phasen, so etwa wie der junge und der alte Goethe. Es ergibt sich daraus eine Spannung zwischen Identität und Kontinuität. Die Identität der Sprache Walthers mit unserer eigenen können wir aufgrund vieler auffälliger Unterschiede nicht behaupten, andererseits regen sich Widerstände dagegen, auf die Bruchlosigkeit der Entwicklung zu verzichten und Neuhochdeutsch als eine andere, vom Mittelhochdeutschen verschiedene Sprache anzusehen. Die Identität einer Sprache ist in jedem Fall eine konstruierte, keine wesentliche. Wofür sind solche Konstrukte gut? »Das hängt vielleicht mit einem ästhetischen Bedürfnis zusammen, die Bruchlosigkeit und Stetigkeit von Entwicklung, die organische Verbindung des Jüngeren mit dem Älteren zu beschreiben.« (Müller 1991) Nun erklärt »ästhetisches Bedürfnis« in dieser Frage zwar nichts, sondern ist vielmehr erklärungsbedürftig; aber die Tatsache, daß ein solches im gegebenen Zusammenhang von einem Sprachhistoriker geltend gemacht wird, ist für uns wichtig, denn sie besagt, daß bei der Bestimmung der Identität einer Sprache von außen an die Sache herangetragene mehr als ihr innewohnende Faktoren zum Tragen kommen.

»Das Neuhochdeutsche« ist ebenso wie »das Deutsche« ein Konstrukt, in ersterem Fall ist allein die Provinz der Zeit eine kleinere. Seine Geburtsstunde läßt sich nicht bestimmen, wenn wir nicht grobe Linien ziehen, wo gar keine sind. Luther etwa.

Oft als Vater oder wenigstens Taufpate des Neuhochdeutschen gepriesen, wird Luther eine überragende Bedeutung in der Sprachgeschichte zugeschrieben. Dafür ist jedoch nicht nur sein gigantisches Werk und sein unbezweifelbares Sprachgenie verantwortlich, sondern auch die an Veränderungen reiche Zeit, in der er lebte. Sie bietet sich dazu an, einen Umbruch zu konstatieren. Luthers Bibelübersetzung und seine anderen deutschen Schriften markieren den Anfang des Neuhochdeutschen. Dabei steht er aber noch mit einem Bein im Mittelhochdeutschen.

Es heist Wer am wege bawet der hat viel meister. Also gehet mirs auch. Die jhenigen die noch nye haben recht reden kl(e)nnen schweige den(n) dolmetschen die sind allzumal meine meister vnd ich mus yhr aller junger sein. Vnd wenn ich sie hette sollen fragen wie man die ersten zwey wort Matthei.1. Liber Generationis solte verdeutschen so hette yhr keiner gewist gack dazu zu sagen. Vnd vrteilen mit nu das gantze werck die feinen geselle(n). Also gie(n)g es S(ankt) Hieronymo auch da er die Biblia dolmetscht da war alle welt sein meister. Er allein war es der nichts kunte. Vnd vrteileten dem guten man sein Werck die jhenige(n) so ym nicht gnug gewest weren das sie ym die schuch hetten solle(n) wischen. Darumb geho(e)ret grosse gedult dazu so yema(n)d etwas offentlich guts thun will denn die wellt wil meister klu(e)glin bleiben vnd mus ymer das Ros vnter dem schwantz zeumen alles meistern vnnd selbs nichts ko(e)nnen das ist yhr art dauon sie nicht lassen kan. (Ein Sendbrief D. Martin Luthers. Vom Dolmetschen und Fürbitte der Heiligen. Zit. nach Delius 1979)

Luther baute, wie er sagte, am Wege, womit er sich der Einmischung vieler, die vorbeikamen, aussetzte. Bei einer Sprache, die keine kodifizierte Norm besitzt und deren Sprechergemeinschaft niemanden mit ihrer Überwachung beauftragt hat, ist das nicht überraschend, denn an sich ist so eine Sprache etwas Demokratisches. Jeder kann daran teilhaben und versuchen, auf ihre Ausformung einzuwirken, der sich dazu berufen fühlt. Luther baute, aber er begann nicht bei Null. In vielem steht seine Sprache dem Mittelhochdeutschen näher als der heutigen Sprache. Starke Verben wie *bieten, fliegen, ziehen* flektiert er wie im Mittelhochdeutschen mit eu: *du beutest, er beutet; du fleugst, er fleugt; du zeuchst, er zeucht.* Bei vielen starken Verben bildet er das Partizip Perfekt ohne *ge-: funden, troffen, dolmetscht.* Auffällig sind mittelhochdeutsche Flexionsformen der Hilfsverben, z.B. *gewest* und *kund* als Perfektpartizipien von *sein* und *können.* Adjektive verwendet Luther im Unterschied zum modernen

Gebrauch im Nominativ und Akkusativ meist ohne Kongruenz mit dem Substantiv: *ein gut werck, ein heilig ampt, viel meister.* Reflexivpronomen sind bei Luther noch *jm* (ihm), *jr* (ihr), *jn* (ihn), nicht *sich.* Demonstrativ- und Interrogativpronomen kommen bei ihm in der kurzen Form vor: *des* statt *dessen, wes* statt *wessen.* Genitiv und Dativ Plural der Personalpronomen der 3. Person lauten bei Luther *ir* und *in*, nicht *ihrer* bzw. *ihnen* wie heute.

Auch in der Syntax gibt es deutliche Unterschiede zum heutigen Deutsch, z. B. die doppelte Negation in einfach verneinender Bedeutung: *niemand keinen Tadel geben.*

Mit der heutigen verglichen, weist Luthers Sprache beträchtliche Unterschiede auf. Dennoch übersetzen wir Luther nicht. Man beschränkt sich darauf, seine deutschsprachigen Schriften in annotierter Form zu veröffentlichen, so daß die Anmerkungen ebenso viel Raum einnehmen wie der Text. Einen Text zu erklären oder zu paraphrasieren, gilt als etwas durchaus anderes als ihn zu übersetzen, tatsächlich läuft es aber auf dasselbe hinaus. Der Abstand ist etwas geringer als der zu Walter von der Vogelweide, aber ein Abstand ist da immer noch. Ganz verschwinden kann derselbe nur theoretisch, denn die Sprache des Autors ist niemals genau dieselbe wie die des Lesers, auch nicht wenn beide Zeitgenossen sind. Den anderen zu verstehen, ist streng genommen immer ein Übersetzen.

Luthers Sprache war ein Schreibdialekt neben anderen. Als seine Übersetzung des neuen Testaments 1523 in Basel nachgedruckt wurde, sah sich der Drucker, Adam Petri, gezwungen, eine große Anzahl von Wörtern in einem Glossar zu erläutern, die im alemannischen und oberdeutschen Raum unverständlich waren, z. B. *beben: bidmen; flehen: bitten; fühlen: empfinden; Gefäss: Geschirr; Gerücht: Geschrei; harren: warten; Heuchler: Gleissner; höhnen: schmähen, spotten; Lippe: Lefze; Preis: Lob; Qual: Pein; Splitter: Spreisz; Ufer: Gestad; Ziege: Geisz*; und so weiter.

Im Laufe des sechzehnten Jahrhunderts gewann die »Luthersprache« an Bedeutung, um gegen dessen Ende, begünstigt durch die im Medium der Sprache ausgetragenen Auseinandersetzungen der Reformation und das wirtschaftlich motivierte Bedürfnis der Drucker nach Einheitlichkeit, zum wichtigsten Modell des Schrifttums zu werden. Auch in diesem wurde freilich in der Folge kein monolithisches Sprachsystem entwickelt. Noch Jakob Grimm bezeichnete das Neuhochdeutsche als einen »protestantischen dialect«. Damit brachte er zum Ausdruck, daß die neuhochdeutsche Sprache in Ursprung und seinerzeitiger Erscheinungsform heterogen und vielfältig war und andere Sprachformen neben sich hatte. Luther, das ist für den gegebenen Zusammenhang wichtig, hatte als einzelner ungewöhnlich großen Einfluß auf die Entwicklung der Sprache (Lemmer 1987), aber der Rest der Sprachgemeinschaft verhielt sich weder einheitlich noch allein rezeptiv. Viele Individuen haben durch bewußte Entscheidungen auf die Sprache eingewirkt. Johannes Claius etwa, dessen 1578 in Leipzig erschienene Grammatik sich an Luthers Sprache orientierte und wesentlich zu ihrer Kodifizierung und Verbreitung beitrug. Oder die bereits erwähnten Schreiber und Drucker. Von Linguisten, die gern das systematische und historische Primat der gesprochenen Sprache betonen, werden sie oft ignoriert, aber insbesondere seit der Erfindung des Buchdrucks ist ihr Einfluß auf den als Ausgleich bezeichneten Prozeß, in dessen Verlauf sich phonologische, morphologische und syntaktische Charakteristika über Regionen hinweg durchsetzten, nicht wegzudenken (Stopp 1978). Dem Schrifttum wird von Sprachhistorikern meist nur eine untergeordnete Rolle zugestanden, aber für den zur hochdeutschen Norm führenden Sprachausgleich waren die regionalen Schreibdialekte entscheidend. Der Prozeß wurde primär schriftlich vollzogen. Noch um 1600 koexisierten, wie Sebastian Helber aus Freiburg im Breisgau bezeugt, diverse landschaftlich gebundene Schreibkonventionen:

Vielerlei Teutsche Sprachen weiß ich in denen man Buecher druckt die Cölnische oder Gulichische die Sächsische, die Flämische od' Brabantische vnd die Ober oder Hoch Teutsche. Vnsere Gemeine Hoch Teutsche wirdt auf drei weisen gedruckt: eine möchten wir nennen die

Mitter Teutsche die andere die Donawische die dritte
Höchst Reinische (zit. nach Haas 1994).

Diese verschiedenen Formen einander anzunähern, war keineswegs ein natürlicher, sondern ein absichtsvoll herbeigeführter, künstlicher Vorgang. Haas (ebd.: 205) beschreibt die von den Schreibern und Druckern zu vollziehenden Selektionen, indem er die handlungsleitenden Grundsätze, denen sie folgen, rekonstruiert. Er nennt sieben Maximen:

1) Schreibe wie X, weil X ein angesehener Schreiber ist.
2) Schreibe wie Y, weil Y politisch einflußreich ist.
3) Wähle die Variante a, weil sie in einer vorbildlichen Region gilt.
4) Wähle die Variante b, weil du weisst, dass sie weiter verbreitet ist.
5) Wähle die Variante c, weil sie einheimisch ist.
6) Wähle die Variante d, weil sie systematisch ist.
7) Wähle die Variante e, weil sie älter ist.

Haas betont, wie bedeutsam die bewußte Wahl, die aktive Entscheidung dafür ist, der Sprache eine erkennbare Form zu geben. Eine solche gewinnt sie nicht von Natur aus. Aber auf die schon im ersten Kapitel angesprochene Natur kommen wir später noch einmal zurück.

2. Raum

einisch am'ne morge
oder am'ne namittag
wärde zwee vo myne bekannte
irgendwo sech träffe
einisch am'ne morge
oder am'ne namittag

und si wärde brichte zäme
über dis und das und äis

und uf ds mal wird eine säge:
bsinnsch du di a matter?
wäretdäm sie brichte zäme
über dis und das und äis

und de wird dr ander säge:
meinsch dä, wo so liedli macht?
ja, grad dä. – was isch mit däm? –
dä syg chürzlech gstorbe!
und de wird dr ander vilicht
säge: eh was du nid seisch!

Und ist das denn deutsch? Die Frage zu bejahen, wirft kaum weniger Probleme auf, als sie zu verneinen. Wieder bietet es sich an, einer eindeutigen Antwort aus dem Weg zu gehen, zum Beispiel durch den Hinweis, »das ist ein Lied von Mani Matter, das er kurz vor seinem Tod schrieb, 1970 vielleicht. Manche nennen es »Berndeutsch« (Matter 1973). Wir könnten eine Übersetzung anfertigen, etwa so:

Irgendwann an einem Morgen
oder an einem Nachmittag
werden zwei meiner Bekannten
sich irgendwo treffen
irgendwann an einem Morgen
oder an einem Nachmittag.

Und sie werden einander berichten
über dies und das und jenes
und auf einmal wird einer sagen:
Erinnerst du dich an Matter?
Während sie einander berichten
über dies und das und jenes.

Und dann wird der andere sagen:
meinst du den, der solche Lieder macht? –
Ja, gerade den. – Was ist mit ihm? –
Der sei kürzlich gestorben!
Und dann wird der andere vielleicht
sagen: Was du nicht sagst!

Oder Peter Boschung. Sein Gedicht »Einst und jetzt« stammt aus den achtziger Jahren.

Alben ù jitz	*Einst und jetzt*
Iicheholz	*Eichenholz*
ù Puurestolz	*und Bauernstolz*
hü mer alben o noghääbe.	*haben wir einst auch noch gehabt.*
Puurestolz	*Bauernstolz*
ù Iicheholz	*und Eichenholz*
suechsch tù hüt vùrgääbe.	*suchst du heute vergebens.*

(Boschung 1986, Übersetzung F.C.)

Geographisch nicht gerade weit von Bern lokalisiert, weicht die Sprache Boschungs deutlich von der Matters ab: Freiburgdeutsch, genauer gesagt, die Sensler Mundart. Geschrieben wird dieselbe nach 1966 gedruckten Richtlinien der Deutschfreiburgischen Arbeitsgemeinschaft. Über seine Sprache schreibt Boschung in dem zitierten Buch (ebd.: 63), daß sie eine von Tausenden sei und daß er sie sich von niemandem nehmen lasse, selbst nicht wenn man ihm die schönste Frau, die steilste Karriere, die höchsten Ämter und noch allerlei anderes Erstrebenswertes verspräche.

ÜSI SPRAACH
Spraache gits tuusig. Vùrachte tüe mer gwuss wääger akini.
Lieber weder allz ùf der Wält hü mer glyych nùmen üni.
Rüemet so vul ass der wüt, ass andrù wy Ströem tüegi ruusche,
töeni melodisch ù voll wy Akkorden ùf Haarpfen argruffe,
glitzeri wy Kryschtall ù wy Sable scharff sygi ggschluffe,
redet ù rüemet ier nùme, mit kira wette mer tuusche.
As isch mer äärscht: i la mer my Spraach va niemerùm nää,
no we dù mer ds mer Gùld ù ds Sulber var ganze Wält wettisch gää.
Vùrsprich mer di schönschti Frou ù di stotzigschti Karriere,
di hööischten Ämpter ù Pöschten ù Macht ù mengerlei Eere,
ù chùmm mer no mit Palescht ù Schlösser ù Hümet ù Gäärte,
chasch chäre so lang ass dù masch, i la nit mupmer la määrte.
Gob üna fynn wott cho gglyßne, an andera fräch chùnt cho spöwe,

vùrfüere lan i mi nüt, no munder lan i mer tröwe,
ma choe, was wott, üsi Spraach laa wiern is va niemerùm nää.

Wer nun zu bedenken gäbe, daß Herrn Boschung ja gar niemand
seine Sprache wegnehmen wolle, läge nicht ganz richtig; denn
obwohl ihm und anderen Dialektdichtern nicht gerade der Mund
verboten wird, favorisiert der Staat – der schweizerische ebenso
wie die verschiedenen deutschen – seit Einführung der allgemeinen Schulpflicht deutlich die den Dialekten übergeordnete Hochsprache der Schriftnorm. Von dieser ist auch Freiburgdeutsch so
weit entfernt, daß es kaum weniger berechtigt erscheint, eine
Übersetzung anzufertigen als von den Gedichten Walters von
der Vogelweide. Viele finden die Kleinräumigkeit der Mundarten
lächerlich und lästig, aber sie sind ein Teil der Sprachrealität.

Von Freiburg nach Bern und weiter dann nach Osten und
nach Norden bis in den niederdeutschen Raum kann man gehen
und dabei beobachten, wie sich die Sprache, die man zu Ohren
bekommt, langsam verändert, Schritt für Schritt. Greta Schoons
Gedicht »Der Hund von gestern« exemplifiziert eine Variante,
die gewöhnlich dem Plattdeutschen zugerechnet wird, eine
Bezeichnung, mit der eine ähnliche Linie gezogen wird, wie mit
»Mittelhochdeutsch« oder »Neuhochdeutsch«.

De Hund von güstern
Dor gunt
in dien Straat
luurt de Hund
van güstern
Dag un Nacht
luurt he
up di.

Un wenn du
vörbigeihst
tichelt he
tegen di an
up sien lüttge

Been'.
He bleekt un bleekt –
he snappt un snappt –

He is oolk.
He much di
dootbieten.

Man du
dreihst kien Nack
na hum
un geihst wieder.

Und wer immer noch glaubt, hier ließe sich einfach und ohne Willkür eine Antwort finden, könnte wiederum die Frage aufwerfen, ob das deutsch ist.

Modernes Hochdeutsch ist Schoons Sprache jedenfalls nicht, und wir neigen wiederum dazu, nach einer Übersetzung zu verlangen. Und nicht, daß das gänzlich überflüssig wäre. Noch 1908 berichtete das *Hamburger Fremdenblatt* in seiner Ausgabe vom 19. Juli, daß der Justizminister die Anstellung sogenannter Dialekt-Dolmetscher angeordnet habe, um den manifesten Verständnisschwierigkeiten vor Gericht zu begegnen (Möhn 1983). Daß es zu solchen heute nicht mehr kommen könne, wo in Deutschland Deutsch gesprochen werde, ist eher unwahrscheinlich, denn Menschen, die im Alltag einander kaum oder gar nicht verständliche Sprachformen verwenden und trotz Fernsehen und Schulpflicht Hochlautung und Schriftdeutsch eher als etwas Fremdes erfahren, gibt es nach wie vor.

Damid ma uns vastengan: Mia ham nix geng de Blad-ddeitschn und eahna »Spraak«, solangs ned z'laud umanandplärrn im Hofbreihaus oda auf da Herrninsl. Na, na, uns stessd ganz was anders auf, nemli de Frag, warum unsane boarischn Abgeordnetn, da Faltlhauser und da Jobst und de Geigerin und wias alle hoassn, also daß de in deara Sach eahna Goschn übahaubds ned aufbringen. Hams doch sunst aa oiwei auf! Aba da

waars ja glei wia beim Schweigen der Lämmer – no ja,
bildlich halt. Des schaud grad so aus, als wia wenns
midm Boarischn ebba ned aa ganz schee »koppheister«
gang oda als ob des Boarische am End koa Paua ned
häd. In der groußn Anfrag damals hams auf eahna
»Traditschoon« hingwiesn, aufn Groth und aufn Reu-
ter, und dann hams gschriebn, »jüm ehr Wark tellt mit
bi de Weltliteratur«. Da woima eahna gar nix weg-
nemma, aba wia de Weltliteratur ohne unsan Thoma
und unsan Graf und – a wengal a Gaudi muaß sei –
unsan Zöpfl ausschaugat, da woima ned amoi dro
denga. (Das Streiflicht. *Süddeutsche Zeitung 15. 1. 1995)*

Dieses letzte Sprachzeugnis kann man »Bairisch« nennen, aber
man könnte sich auch um mehr Trennschärfe bemühen und
zwischen Nordbairisch (Nürnbergisch), Mittelbairisch (Mün-
chnerisch) und Südbairisch (Innsbruckisch) als dreier ostober-
deutschen Mundarten unterscheiden. Und dann hat man Re-
gensburgisch, was weder Nord- noch Mittelbairisch ist, und ein
Paar Kilometer weiter Augsburgisch, was weder Alemannisch
noch Mittelbairisch ist oder beides, wie man's nimmt.

    »Wie man's nimmt« ist hier ganz wörtlich gemeint, denn Dia-
lekte werden zumindest partiell durch subjektive Einschätzun-
gen konstituiert, darin sind sich die Dialektologen einig. Allerdings wird dieses Eingeständnis oft nur ganz nebenbei gemacht,
was seiner Wichtigkeit durchaus nicht entspricht. Denn da es
eine eindeutige und unumstrittene Unterscheidung zwischen
Sprache und Dialekt nicht gibt, gilt für erstere mutatis mutandis
natürlich auch, was für letztere gilt.

3. Sprachgemeinschaft

Wer es nun mit der Frage, »ist das deutsch« bzw. »was ist
Deutsch« ernst meint, muß außer über Variabilität in Zeit und
Raum auch noch darüber nachdenken, daß diese Frage ja nicht

von einem Individuum – etwa dem Bundessprachbeauftragten – beantwortet werden soll, da wir es hier ja schließlich mit einem gesellschaftlichen Mittel der Kommunikation zu tun haben. Um unserer Frage einen anderen Sinn zu geben, als die Meinung des noch zu bestellenden Bundessprachbeauftragten oder der Duden-Redaktion oder des Instituts für deutsche Sprache oder der noch zu gründenden Deutschen Nationalakademie zu erfahren, könnten wir folgendermaßen verfahren. Wir nehmen eine große Menge beliebiger Äußerungen von Leuten, die sich selbst als Sprecher des Deutschen bezeichnen und legen sie ihnen selbst und anderen, die ihrem Selbstverständnis nach ebenfalls Sprecher des Deutschen sind, zur Beurteilung vor mit der Aufforderung, für jede von ihnen zu entscheiden, ob sie deutsch ist oder nicht. Die Sprecher, die diese Beurteilungen vornehmen, nennen wir Juroren. Die Juroren bestimmen, was deutsch ist, da das unserer Überzeugung entspricht, daß an einer Sprache teilnehmen kann, wer will. Natürlich könnte man auch Juroren ausschließen. Wenn zum Beispiel eine Jurorin ständig Wörter und Sätze gutheißt, von denen wir selbst erwarten, daß sie als undeutsch abgelehnt werden, könnten wir einfach sagen, sie darf nicht mitspielen, ihre Urteile zählen nicht. Damit nähmen wir freilich der ganzen Übung ihren Sinn, der ja darin besteht, das, was wir als ein kollektives Produkt kennen, die deutsche Sprache nämlich, durch Urteile derer, die sich dieser Sprache bedienen, abgrenzen zu lassen. Wir können für diesen Zweck also nicht vorgeben, wer Juror sein darf und wer nicht. Daß dies für andere Zwecke sehr wohl geschieht – z. B. für den des Deutschunterrichts, den des Redigierens von Nachrichtensendungen, Zeitungen und anderer Druckerzeugnisse sowie das Kompilieren von Wörterbüchern – hat allerdings auf das Ergebnis unserer Untersuchung Einfluß. (Daß die Schule überhaupt nichts bewirkt, wäre vielleicht doch eine zu pessimistische Einschätzung.)

Wenn wir nun keinen Juror ausschließen, weil es dafür keinen plausiblen, nicht willkürlichen Grund gibt, dürfen wir eine breite Streuung von Urteilen erwarten. Nicht alle Äußerungen werden von gleich vielen Juroren angenommen oder abgelehnt werden, was zum Teil an den Juroren und zum Teil an den Äußerungen liegt. Die Einstellungen, aufgrund derer Juroren Urteile fällen, variieren. Für manche sind die sprachlichen Regeln, die sie kennen, so etwas wie Gesetze, die zu übertreten, bestraft zu werden verdient.

Er will nicht einschlafen, weil er weiß nicht, ob dann nicht die Drachen unter seinem Bett herauskommen.

Solche Juroren werden diesen Satz strikt ablehnen und darauf bestehen, daß das Verb im deutschen Nebensatz, der mit der Konjunktion »weil« eingeleitet wird, am Schluß steht:

Er will nicht einschlafen, weil er nicht weiß, ...

Andere Juroren sind etwas lässiger und sagen: »Solche Sätze hören wir jeden Tag, das muß wohl deutsch sein.«

Alte Juroren werden oft anders urteilen als junge, was ja nichts anderes besagt, als daß Sprachen sich verändern. Nach Ansicht ersterer gehen sie gewöhnlich den Bach runter. Manche Juroren, die nicht ganz unbefangen an ihre Aufgabe herangehen, werden bemängeln, daß eine binäre Entscheidung zwischen deutsch und nichtdeutsch der Komplexität der Sache nicht gerecht werde. Das Analyseinstrument müßte verfeinert werden, zum Beispiel dadurch , daß den Juroren eine Skala mit vier statt nur zwei Kategorien für die Beurteilung von Äußerungen an die Hand gegeben würde:

(1)	(2)	(3)	(4)
undeutsch	ziemlich deutsch	deutsch	potentiell deutsch

Unter (1) könnten sie dann alles ablegen, was ihnen gänzlich gegen den Strich geht oder unverständlich ist, während (2) für Zweifelsfälle bereit steht, die Kategorie von Äußerungen, die vielleicht das Formgefühl des Jurors verletzen, die er aber, wenn er ehrlich ist, als häufig und unauffällig einstufen muß. Unter (3) gehört dann alles, was der Juror erstklassig deutsch findet, und (4) schlägt er solchen Äußerungen zu, denen er eine Chance gibt, deutsch zu werden. »Wir müssen etwas hirnen«, sagt man zum

Beispiel ohne aufzufallen in der Schweiz, wenn man sein Gehirn anstrengen muß. Das könnte schon mal deutsch werden.

Er hat mir gesagt, daß…
Er hat zu mir gesagt, daß…

Klaus Meyer, der Sohn von Fritz Meyer-Scharffenberg…
Klaus Meyer, der Sohn Fritz Meyer-Scharffenbergs…

Manche Juroren akzeptieren beide Äußerungen dieser Paare, während andere je einer den Vorzug geben. Indem sie das tun, zeigen sie, daß sie eine grammatische Strategie für deutscher halten, als die andere, entweder die synthetische, die mit Flexionsformen arbeitet, oder die analytische, die mehr Präpositionen verwendet. Wenn solche Präferenzen keine Zufallsverteilung aufweisen, sondern deutlich erkennbare Häufigkeiten, kann man prognostizieren, daß sich das grammatische System in eine bestimmte Richtung entwickelt. Mit dem Vorhersagen tun sich Linguisten allerdings sehr schwer, was aber vielleicht weniger ein schlechtes Licht auf ihre Disziplin wirft als deutlich macht, daß die Gesetze, denen die Sprache folgt, nicht so ehern und unwandelbar sind, daß sie, wenn man sie nur kennt, Prognosen zu machen erlauben. Vielmehr sind die Sprachbenutzer immer dazu in der Lage, eine Auswahl zu treffen und zwar aus oft strukturell sehr divergenten Möglichkeiten. Viele Sprachwissenschaftler würden es vorziehen, diesen zugegebenermaßen lästigen Umstand zu ignorieren und sich auf die Sprache als solche zu konzentrieren, aber die ist im wesentlichen ihre eigene Erfindung. Es ist da schon ratsam, sich an Fachvertreter zu halten, die etwas gegen den Strom schwimmen, zum Beispiel Norman Denison: »Keine Sprache ist völlig einheitlich oder mono-systematisch. Nebeneinander existierende Subsysteme stehen manchmal im Gegensatz zueinander und zwingen dem Sprecher die Notwendigkeit auf, zu wählen. Wenn Sprecher gewohnheitsmäßig in einem bestimmten Kontext immer die gleiche Wahl treffen, führt das zur Verdrängung der erfolglosen Alternative(n), also zu Veränderung.« (Dension 1996) Hier wird den Sprechern eine aktive Rolle zugebilligt und nicht unterstellt, daß Sprachwandel wie ein Naturereignis einfach passiert.

Unsere Juroren sind die Sprecher. Sie entscheiden, was deutsch ist und was nicht, wobei sie allen möglichen Einflüssen ausgesetzt sind. Wenn wir das eingestehen, handeln wir uns freilich ein Problem ein: Der Gegenstand unseres Interesses entzieht sich unserem Zugriff.

Zwei Modelle, die keine sind

Um mit dem Problem, der Variabilität der Sprache in Zeit, Raum und Gesellschaft fertig zu werden, haben Linguisten Modelle entwickelt, die es ihnen ermöglichen sollen sich dennoch ihres Gegenstands zu bemächtigen. Ihr gemeinsames Charakteristikum ist, daß sie ihn als einen solchen behandeln, nämlich als Gegenstand. Sie gehen davon aus, daß die Sprache oder eine Sprache ein Ding ist.

Abbildung 1:
Querschnitt und Längsschnitt eines Gewächses als Modell der Sprache.
Ferdinand de Saussure, Grundfragen der Allgemeinen
Sprachwissenschaft.

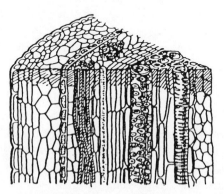

Berlin, Leipzig: De Gruyter, 1931.

46

Eines der Modelle, Ferdinand de Saussure hat es in die Sprachwissenschaft eingeführt, heißt »Synchronie«, obwohl es besser »zeitlicher Provinzialismus« genannt werden sollte. Synchronie bedeutet, daß davon abgesehen wird, daß Sprachen in der Zeit existieren. Den Lauf der Zeit denkt man sich dabei als eine räumliche Erstreckung, die Sprache als ein langes Ding in ihr, etwa so wie eine Salami. Synchronie heißt, sich die Schnittfläche der Salami betrachten, die Muster, die man auf ihr erkennen kann, ohne sich darum zu kümmern, wie sie entstanden sind und wie sich die inspizierte Schnittfläche zu anderen möglichen Schnittflächen verhält. Saussure benutzt als Analogie den Querschnitt des Stammes eines Gewächses, womit er in der Tradition des 19. Jahrhunderts Sprache als Organismus begreift und gleichzeitig ihren dinghaften Charakter unterstreicht.

Ein anderes sehr eingängiges und deshalb populäres Modell ist der Stammbaum. Auch er behandelt Sprachen als natürliche Arten. Zum Beispiel so:

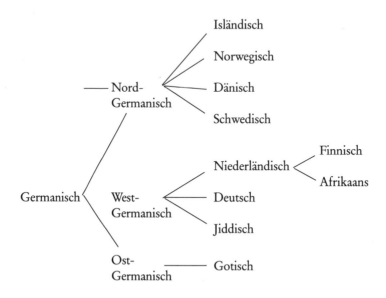

Stammbäume dieser Art sollen die Verwandtschaftsverhältnisse zwischen Sprachen veranschaulichen. Ihnen wird eine zeitliche Interpretation gegeben, d.h. Germanisch ging den rechts davon stehenden Sprachformen voraus. Verfeinerungen sind je nach gegebenem Zweck möglich, etwa indem zwischen West-Germanisch und Deutsch Perioden wie Althochdeutsch, Mittelhochdeutsch, Frühneuhochdeutsch, Neuhochdeutsch, Postmoderndeutsch eingeführt werden. Da folgt eins fein säuberlich auf das andere. Analoge Diagramme kann man zeichnen, um die Differenzierung in Dialekte darzustellen. Die unter »Oberdeutsch« zusammengefaßten Varietäten zum Beispiel nehmen sich dann so aus.

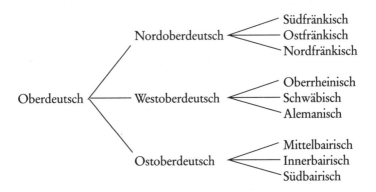

Hier steht eine Variante fein säuberlich neben der anderen, wobei von links nach rechts keine Zeitachse verläuft, sondern sich weiter links stehenden Etiketten auf räumlich weiter ausgedehnte Einheiten beziehen als die Etiketten, die rechts von ihnen stehen.

Es stellt sich nur die offensichtliche Frage, wie sich diese zeitlich und räumlich zu interpretierenden Modelle zueinander verhalten, wie sie sich zu dem Modell der Salamischnittfläche verhalten und inwiefern sie dazu beitragen können, daß wir eine realistische Vorstellung davon entwickeln, was eine Sprache ist, zum Beispiel Deutsch. Gegenüber dem Salamimodell sind die Stammbäume zweifellos schon etwas differenzierter, aber auch sie sind so abstrakt und idealisierend, daß sie einen entscheidenden Aspekt der Sprachrealität ausblenden, nämlich die Kontamination räumlicher und zeitlicher Differenzen oder, anders formuliert, die Ungleichzeitigkeit sprachlicher Veränderungen im Sprachraum. Nur ein Beispiel: Bei Luther hieß es, *drumb haben sie mussen fallen*. Im Neuhochdeutschen hat sich die umgekehrte Stellung von Verb und Modalverb durchgesetzt: *darum haben sie fallen müssen*. Im Niederländischen aber ist heute noch *daarom hadden zij moeten vallen* gebräuchlich. Nun könnte man sagen wollen, daß das ja ein guter Grund sei, Niederländisch »Niederländisch« zu nennen und nicht »Deutsch«. Das ist jedoch nicht der Grund, der vielmehr in politischen Loyalitäten zu suchen ist. Worauf es im gegebenen Zusammenhang ankommt, ist, daß sich sprachliche Veränderungen im Sprachraum nicht gleichzeitig durchsetzen. Manche Juroren sind sehr progressiv, andere hinken Jahre, vielleicht Jahrhunderte hinterher. Und nicht in allen Punkten sind es immer dieselben, die vorauseilen und hinterherhinken. Wenn das heutige Niederländische eine ganze Reihe von Eigenschaften mit dem Mittelhochdeutschen teilt, exemplifiziert das einen Tatbestand, der auch die Beziehungen zwischen vielen anderen Sprachformen kennzeichnet. Unsere Diagramme können ihm nicht Rechnung tragen. Wenn wir sie zugrunde legen, können wir nur sagen, daß Niederländisch eigentlich Mittelhochdeutsch ist, oder, nicht weniger unbeholfen und unzutreffend, daß Mittelhochdeutsch eigentlich schon Niederländisch war. Das Übel vergleichender Modelle ist nicht, daß sie klare Linien ziehen, wo bestenfalls ausgefranste Ränder und Überschneidungen vorhanden sind. Idealisierungen und Vereinfachungen braucht jede Wissenschaft. Nein, das eigentliche Übel ist, daß Identitäten als natürliche Phänomene unterstellt werden, die nur als Konstrukte existieren.

Deutsch, das ist so etwas wie eine Wolke. Statt zweidimensionaler Stammbäume und Schnittflächen bräuchten wir ein mindestens dreidimensionales Modell, das unsere Jurorenurteile in ihrer fließenden zeiträumlichen und sozialen Verteilung darstellt, so daß es Häufungen von übereinstimmenden Urteilen gibt, die sich dann wieder in einer der Dimensionen auflösen, Formen bildend, die meist keine klaren Konturen haben und auch keinen identifizierbaren Kern, der die unverwechselbare Identität des als »Deutsch« bezeichneten Gebildes durch alle Epochen und in jeder regionalen Ausprägung ausmacht. Denn eine solche gibt es nicht – außer im Auge manches Betrachters. Ein solches Wolkenmodell ist nicht so eingängig wie die Salamischeibe oder der genealogische Stammbaum, aber realistischer.

Jede klare Antwort auf die Frage, was Deutsch ist, ist ein Abstraktion, und die Vorstellung von einer Entität mit einer unveränderlichen Identität ist ein Konstrukt. Natürlich gilt das nicht allein für die Menge von Mundarten, Idiotismen, Provinzialsprachen, Neben- oder Untersprachen, Schreibdialekten, Soziolekten, Jargons, Fachsprachen und allerlei andere Varietäten, die wir aus Bequemlichkeit »Deutsch« nennen, sondern ebenso sehr für andere Aggregate von Varietäten, für die es solche Etiketten gibt. Über die galloromanische Nachbarsprache zum Beispiel wird gesagt: »Standardfranzösisch ist nichts weiter als ein linguistischer Frankenstein.« (Morin 1987) Und über Englisch: »Tatsächlich gibt es überhaupt keine Standardaussprache des Englischen.« (Stubbs 1980) Jede Sprache ist etwas sehr Wolkiges. Oft ist objektiv kaum zu sagen, wo die eine aufhört und die andere anfängt. Seit wann ist Niederländisch kein deutscher Dialekt mehr? Ungefähr seit dem 15. Jahrhundert oder seit dem 16.? Was ist das für eine Antwort? Von dieser Qualität sind aber die Antworten, die man geben kann, bestenfalls. Freilich hindert das diejenigen, die ein Interesse daran haben, nicht daran, so zu tun, als wäre die Wolke, von der wir sprechen, ein in sich ruhendes Gebilde mit einer greifbaren, unverbrüchlichen Identität. Die Existenz eines solchen zu unterstellen, gibt es ein ganz bestimmtes Interesse, denn aus einer Wolke läßt sich schlecht eine Fahne machen.

4. Totem Deutsch

Eine Fahne oder ein Totem. »Deutsch,« könnten wir eine mit Ausschließung arbeitende, negative Definition versuchen, »ist nicht Französisch, nicht Italienisch, nicht Slovenisch, nicht

Tschechisch, nicht Rumänisch, nicht Polnisch, nicht Dänisch, nicht Friesisch, nicht Niederländisch.« Oder, in den Gleisen etablierter germanistischer Lehre: »Das Neuhochdeutsche ist eine aus dem Westgermanischen durch die ›hochdeutsche Lautverschiebung‹ hervorgegangene Dialektgruppe, in deren Mitte sich seit dem fünfzehnten Jahrhundert eine überregionale Schriftsprache ausgebildet hat, die heute von großen Teilen der Sprachgemeinschaft für manche Zwecke verwendet wird.« Allein, mit solchen Definitionen läßt sich kein Staat machen. Genau darum aber geht es, jedenfalls denen, die Sprache für politisch-ideologische Zwecke in Dienst stellen. Jede Definition, die der Komplexität dessen, was eine Sprache ausmacht, ihrer Wolkigkeit eben, gerecht wird, ist für die Zwecke derer, die sie politisch instrumentalisieren wollen ungeeignet. Für sie muß eine Sprache Dingcharakter haben, muß gegeben, nicht gewählt, naturwüchsig entstanden, nicht geschaffen worden sein. Ganz im Gegensatz zu der Variabilität und uneingeschränkten Wandelbarkeit, die Sprache als solche kennzeichnet und der prinzipiellen Schwierigkeit zugrundeliegt, eine Sprache von anderen zeiträumlichen Sprachformen abzugrenzen, muß eine Sprache als Identifikationsidee unverwechselbar, klar fixiert und in ihrem Wesen unveränderlicher Natur sein. Ihre Identität muß als wesenhaft, nicht als konstruiert erscheinen. Eine Sprache wird unter solchen Vorzeichen als Totem behandelt, als Gegenstand des Kults, der Verehrung, zu dem eine Gruppe von Menschen eine ganz besondere Beziehung hat bzw. haben soll, nämlich die eines Ahnen.

Der Glaube an ein Totem, etwa ein Tier oder eine Pflanze, besagt, daß die Gruppe, deren Totem es ist, ihm seine Existenz verdankt. Es wird auf eine nicht durch rationale Erklärung beweisbare oder widerlegbare Weise unterstellt, daß sich die Gruppe von dem Totem herleitet. Jenes war vor ihr da und hat sie ins Leben gerufen. Den Konstruktcharakter des Totems zu offenbaren, es als ein gewähltes Merkmal zu decouvrieren, das die Funktion eines Banners erfüllt, um das sich die Gruppe schart, hieße, es seiner entscheidenden Qualität zu berauben, seiner Schicksalhaftigkeit. Ein Totem erlaubt es, dank der irrationalen Grundlage, auf der es ruht, Grenzen zu ziehen, wo keine sind und wo es schwerfällt, solche zu legitimieren. Der Totemismus ist im Kern ein Klassifikationsverfahren, das Elemente des Reichs der Natur mit solchen des Reichs der Kultur in Übereinstimmung bringt, zum Beispiel so:

Sprache – Natur
Nation – Kultur

Es ist in einem solchen Denken entscheidend wichtig, Sprache als etwas Natürliches gelten zu lassen, als etwas Primordiales. Daß sich *das Deutsche* nicht ohne Willkür raum-zeitlich fixieren läßt, ficht den Totemisten nicht an, denn er braucht sich um Kausalzusammenhänge nicht zu kümmern oder kehrt sie einfach um. An den schwierigen Fragen nach der Herkunft und der Realität dessen, was so ein Etikett wie Deutsch eigentlich bezeichnet, hat er wenig Interesse, denn für seine Zwecke ist die so genannte Sprache das Definiens, nicht das Definiendum.

Was ist des Deutschen Vaterland? Diese die deutsche Nationalbewegung Anfang des neunzehnten Jahrhunderts umtreibende Frage beantwortete Ernst Moritz Arndt 1813 in seinem gleichbetitelten Lied auf eben diese Weise: »So weit die deutsche Zunge klingt und Gott im Himmel Lieder singt, das soll es sein!« Daß Gott im Himmel offenbar auf deutsch singt, ist das irrationale Element, das die Unschärfe des Wortes *deutsch*, welches sowohl die gemeingermanische als auch eine stärker eingegrenzte deutsche Sprachgemeinschaft bezeichnen konnte, gegen jede mögliche Kritik abschirmte. Zu einer Zeit, als eine einheitliche deutsche Sprachform mit überregionaler Verständlichkeit weit davon entfernt war, eine Volksgruppe zu definieren, wurde das Gegebensein *einer* monolithischen deutschen Sprache unterstellt, um auf dieser Grundlage die Frage nach der deutschen Nation beantworten zu können. Daß Deutsch niemals mit einem kontingenten Sprachgebiet oder mit einer klar abgegrenzten Sprechergemeinschaft zu identifizieren war und daß die in Arndts Lied formulierte Abgrenzung der Nation »in Europa ein unmöglich zu realisierendes Programm« (Dann 1993:68) darstellte, tat seiner Popularität keinen Abbruch. Denn hier galt es nicht Tatsachen zu erkennen, sondern solche zu schaffen.

Die Heterogenität und Flüchtigkeit einer Sprache zu betonen, läuft den Zwecken der Totemisten zuwider, da sie ja Einheit und Identität auf dieselbe gründen wollen. Sprache wird von ihnen so begriffen wie Rasse von Rassisten. Schießen wir mit dieser Parallele übers Ziel hinaus? Lassen wir das nationale Jahrhundert für den Moment hinter uns und betrachten das nächste, das man sich wegen mangelnder historischen Distanz und Furcht vor anstößiger Verallgemeinerung scheut, das rassistische zu nennen. In der Einleitung seiner *Geschichte der deutschen Sprache* aus dem Jahre 1938 beschäftigt sich Adolf Bach, Professor an der Universität in Bonn am Rhein, mit dem Zusammenhang von Sprache und Nation, Volksgeist und Rasse. Zum Teil war ihm dieses Thema im neunzehnten Jahrhundert vorformuliert worden, aber das letzte Element der Gleichung ist eine Errungenschaft des Denkens des zwanzigsten. Wir lesen: »In der Sprache offenbart sich stets der Geist einer Gemeinschaft in seiner historischen Entfaltung« (1938, 16). Soweit tritt Bach nur die Fußstapfen Wilhelm von Humboldts (z. B. 1823/1963) aus. Aber er geht weiter: »Da ihr Geist jedoch auf einer Auseinandersetzung ihrer blutsmäßigen (rassischen) Grundlagen mit der Umwelt beruht, ist stets mit neuen zeitbedingten Schattierungen seiner Geistigkeit zu rechnen.« (Bach 1938:16) Als Sprachhistoriker konnte Bach schlecht über die Veränderlichkeit der Sprache hinwegsehen, aber es gelang ihm, sie durch Blutsbande auf Schattierungen zu reduzieren, also die Identität der Sprache zu erhalten: »Noch heute spüren wir in unserer Muttersprache« – mit welchem Sinnesorgan da gespürt wird, verrät Bach nicht – »unverwischbar die festen Grundlagen der indogermanischen wie der aus ihr erblühten germanischen Spracheinheit, Grundlagen, die sich bewährt haben in Jahrtausenden des Kampfes und der Auseinandersetzung mit Fremden« (ebd.: 232).

Der Autor bringt hier ein Motiv ins Spiel, das unsere Aufmerksamkeit noch beanspruchen wird, die »Muttersprache«. Sie bürgt für schicksalhafte Kontinuität. Bleibt zu fragen, welcher Geist sich denn in der deutschen Sprache offenbart. Bachs Antwort enttäuscht die Erwartungen nicht: »Der Geist jedoch, der sich in unserer Muttersprache offenbart, ist der der nordischen Rasse, an der alle deutschen Menschen ihren Anteil haben. [...] Geschichte und Raum im Verein mit den rassischen Kräften haben in der deutschen Sprache erst eigentümlich Deutsches gestaltet. [...] In diesem Sinne gewährleistet die deutsche Sprache im Verein mit der nordischen Rasse den Fortbestand unseres Volkstums.« (Ebd.: 234) Die Zirkularität der Argumentation läßt sich nur schwer übersehen, ebenso wenig wie die abstruse Verknüpfung des der Sprache angeblich innewohnenden Geistes mit der nordischen Rasse. Nun werden viele geneigt sein, solche Äußerungen mit Blick auf das Erscheinungsjahr des zitierten Werks bei den intellektuellen Entgleisungen des tausendjährigen Reichs abzulegen. Daran zu erinnern, wäre somit allenfalls von historischem Interesse. Allein, der Geist in der Sprache geistert noch stets, und noch stets wird sie als Totem in Anspruch genommen.

1993 erschien *Faszination Deutsch* (Stark 1993), ein Buch, durch dessen Lektüre man sich mühelos ins neunzehnte Jahrhundert zurückversetzen kann, das uns also auf die noch immer andauernde Attraktivität mancher damals geborener Ideologeme aufmerksam macht. Franz Stark, der Verfasser dieser Totemschrift, legt das Fundament seiner weiteren Ausführungen, indem er den »Nationalstaat als natürliches Gliederungsprinzip« (ebd.: 19) bezeichnet und Deutschland eine »homogene Bevölkerung« bescheinigt. Die Sprache ist ihm als Ding gegeben, denn als solches braucht er sie, ganz im Sinne Arndts: »Eine wichtige Quelle für die Bestimmung der eigenen Identität eines Volkes ist seine *Sprache*.« (Ebd., 20) Aus dieser Quelle zu schöpfen, wäre ersichtlich viel schwieriger, wenn man statt der unterstellten Einheitlichkeit die nur scheinbar durch eine umfassende Bezeichnung verdeckte Vielfalt und die Beliebigkeit der Abgrenzung einer Sprachform thematisierte. Es wäre auch schwieriger, mit *dem* Geist zu operieren. Nur wenn eine Sprache einem Geist Ausdruck verleiht, ist der leicht bei der Hand: »Die Mitglieder einer Sprachgemeinschaft sind durch ein unsichtbares Band von Gemeinsamkeiten verbunden, weil in jeder Sprache bestimmte Erfahrungen, Sichtweisen und Einstellungen eines bestimmten Kulturraums gespeichert, zu Begriffen verdichtet sind.« (Ebd. 20) Wieder wird so getan, als hätten Sprachen eine von ihren Sprechern unabhängige Existenz. Und wie steht es mit den gemeinsamen Erfahrungen, die angeblich nicht Menschen machen, sondern die in der Sprache gespeichert sind? Sie haben wohl eher den Charakter des in Torremolinos erspähten Autos mit dem gleichen Nummernschild aus Mönchengladbach. Wer denkt schon daran, wenn er es freundlich grüßend anblinkt, daß darin auch ein Spanier oder gar ein Koreaner sitzen könnte!

Freilich, und auch damit werden wir uns befassen müssen, Stark hat sich die Sache mit den Erfahrungen und Sichtweisen nicht aus den Fingern gesogen, sondern weiß sich vielmehr mit vielen in der Überzeugung einig, daß solche wirklich Sprachen innewohnen. Aber an der Frage, ob oder in welchem Maße das so ist, hat er gar kein Interesse. Ihm geht es allein darum, seinen Lesern die deutsche Sprache als unverdächtigen und ehrenwerten Katalysator des Nationalismus zu präsentieren. Er benutzt deshalb den Begriff der Sprachnation und spricht immer wieder von Deutsch als »Muttersprache des Landes«. Deutsch muß für diese Zwecke herhalten, da sich andere Konstrukte entweder im Kontext des kleinstaatlichen Erbes des römischen Reichs als unbrauchbar erwiesen haben, etwa die gemeinsame Geschichte, oder durch das Terrorregime des Dritten Reichs diskreditiert worden sind, insbesondere die Rasse. Hätte es diesen Unglücksfall nicht gegeben, wäre das vielleicht anders, aber so wie die Dinge liegen, »ist die Sprache«, erklärt Stark, »für die Deutschen gerade wegen ihrer unglücklichen und belasteten Nationalgeschichte noch wichtiger als für die meisten anderen europäischen Völker« (ebd.: 20). »Sie spielt für die Identität der Deutschen eine zentrale Rolle« (ebd.: 21), folgert er und sagt uns auch, was für eine Identität das ist: »Unsere Sprache ist das Produkt einer Verschmelzung abendländisch-christlichen Denkens mit dem

Wortmaterial einer urwüchsig-bildhaften germanischen Bauernsprache.« (Ebd.: 24) Wie Denken mit Wortmaterial verschmilzt, bleibt Starks Geheimnis, aber immerhin wissen wir, woran wir sind, was unser gemeinsames Erbe ist, die germanische Bauernsprache.

Wer aus diesem Erbe ein Totem Deutsch konstruieren will, muß von vielen Aspekten der sprachlichen und geschichtlichen Wirklichkeit absehen: daß sich in der Mitte Europas von alters her durch immer neue Wanderbewegungen die Völker vermischt haben; daß Deutsch nicht nur von Deutschen gesprochen wird, sondern selbst innerhalb Deutschlands von Millionen Menschen, die sich selbst nicht als Deutsche verstehen oder nicht als solche anerkannt werden; daß Deutsch in der Forschung als eine »plurizentrische Sprache« (Clyne 1992) betrachtet wird mit mindestens drei autonomen sprachpolitischen Zentren in Deutschland, Österreich und der Schweiz; daß andere Varietäten des Deutschen von abermals Millionen Sprechern in Belgien, im Elsaß und in Südtirol gesprochen werden sowie in Polen, Tschechien, der Slowakei, Ungarn, Kroatien, Slowenien, Rumänien, Kasachstan und anderen Republiken der Gemeinschaft Unabhängiger Staaten. Und er muß einer Reihe schwieriger Fragen aus dem Weg gehen: Was sprechen die Menschen, wenn man bei Trier die Grenze nach Luxemburg überschreitet? Zählt Pennsylvania zum Verbreitungsgebiet der deutschen Sprache, weil dort in einigen Dörfern ein hessisch-pfälzischer Dialekt gesprochen wird, den freilich nur wenige Deutsche verstehen? Sprechen Menschen in Oberschlesien, die ihre im übrigen polnische Rede mit einigen deutschen Ausdrücken durchsetzen, Deutsch? Wo hört jüdisches Deutsch auf und fängt Jiddisch an?

Diesen Fragen nachzugehen, führt unweigerlich zu der Einsicht, daß Deutsch kein monolithisches Ding ist wie das Hermannsdenkmal am Teutoburger Wald, an dem man den germanischen Bauerngeist als Wimpel aufhängen kann; daß es nicht von einer homogenen Bevölkerung gesprochen wird oder jemals wurde; daß es nicht aus einem Guß ist, sondern uns in changierenden Erscheinungsformen begegnet; daß seine Identität nicht in irgendeinem Sinne natürlich gegeben ist, sondern im Auge des Betrachters liegt; und daß seine Konturen sich wegen seiner Ausdehnung in Zeit, Raum und Gesellschaft kontinuierlich wandeln und nur momentweise stabil erscheinen, so wie die einer Wolke.

Die Wolke Deutsch ist für einen Sprachwissenschaftler etwas anderes als für die Menschen, die sich ihrer für den einen oder anderen Zweck bedienen. Zum Teil werden ihre Konturen durch diese Zwecke bestimmt. Deutsch ist, was es sein soll. Hier walten nicht die geheimnisvollen Kräfte der Natur oder des Volksgeistes, sondern der Wille einzelner und der von Gruppen, der Deutsch hier beginnen und dort aufhören läßt. Die deutsche Nation wird häufig als Sprachgemeinschaft definiert, zumindest wird die angeblich gemeinsame Sprache als wichtiges Kriterium genannt. Tatsächlich wählt und gestaltet eine Gruppe jedoch seine sprachlichen Mittel. Der Begriff der Sprachnation ist eine Simplifizierung und eine Projektion. Deutsche sind nicht die, die Deutsch sprechen, sondern umgekehrt lernen diejenigen Deutsch als »Muttersprache« zu erwerben, die Deutsche sein wollen oder sollen.

III

GEFÄNGNIS SPRACHE – EINE IRREFÜHRUNG

Die Menschen denken über die Vorfälle des Lebens
nicht so verschieden, als sie darüber sprechen.

Georg Christoph Lichtenberg

Erst denken, dann sprechen

Etwas zu sagen, ohne sich dabei der Sprache zu bedienen, ist
nicht so ganz einfach. Nicht selten scheint die Sprache den
Dienst zu versagen. »Wenn der Geist schon vor aller Rede mit
dem Gedanken fertig ist, dann muß er bei seiner bloßen Aus-
drückung zurückbleiben. … Wenn daher eine Vorstellung verworren ausgedrückt wird, so folgt der Schluß noch gar nicht, daß
sie auch verworren gedacht worden sei.« (Kleist 1805/1960: 1036)
Jeder kennt das Gefühl, das Heinrich von Kleist hier beschreibt,
das Gefühl, einen Gedanken nicht richtig ausdrücken zu können.
Kleine Kinder sind oft in dieser Lage und sichtlich frustriert,
wenn man nicht versteht, was sie sagen wollen, weil ihnen die
Worte fehlen. Auch im Erwachsenenalter erregt es keine Verwunderung, wenn jemand sagt: »Ich weiß nicht, wie ich das sagen
soll.« Das ist eine ganz alltägliche Erfahrung. Wenn jemand aber
so etwas sagt, ist das nur sinnvoll, wenn er dieses *das*, was er sagen
will, schon kennt, es also als Gedanken gefaßt hat. Sonst würde er
sagen, »ich weiß nicht, was sich sagen soll«, und das hieße etwas
ganz anderes, nämlich daß es ihm an einem Gedanken gebricht,
den er zum Ausdruck bringen könnte. Was hieraus folgt, liegt auf
der Hand: Denken und Sprechen sind zweierlei.

So einfach und zwingend diese Schlußfolgerung ist, wird sie doch häufig nicht gezogen oder ignoriert. Der Apostel sagte, am Anfang war das Wort, und damit hat er etwas angerichtet. Der Gedanke, daß wir hinter das Wort nicht zurück können, wurzelt in der abendländischen Tradition in diesem Axiom. Ein offensichtlicher Grund für seine Glaubwürdigkeit liegt in den Schwierigkeiten, die es bereitet, Gedanken zur Sprache zu bringen, ohne sie in Worte zu fassen. Sie führt dazu, daß der Unterschied zwischen dem Gedanken und seiner sprachlichen Repräsentation verwischt oder geleugnet wird. Denken wird dann als ein inneres Sprechen dargestellt, dem nur die lautliche Realisierung feht. Vorstellungen dieser Art kommen zum Ausdruck, wenn ein Zweisprachiger gefragt wird, in welcher Sprache er denn denke, oder wenn ein Lehrer seinen Schülern das Ziel setzt, die Fremdsprache so gut beherrschen zu lernen, daß sie darin denken können. Von da ist es nur noch ein Schritt in die Fallgrube des Glaubens, daß die Sprache für uns denkt. Er hat erstaunlich viele Anhänger, deren einige hier stellvertretend zu Wort kommen sollen.

Da ist zum Beispiel die Apologie des Kolonialismus. Den bedauernswerten farbigen Rassen anderer Kontinente das Licht der europäischen Zivilisation zu bringen, war manch einem im neunzehnten Jahrhundert ein inniges Anliegen. Jeder weiß, daß die Sprache der Schlüssel für die Vermittlung von Zivilisation und Kultur ist. Charles Wentworth Dilke etwa, ein weltreisender Engländer, formulierte seine Empfehlungen für ein »Größeres Britannien«, wobei er der Verbreitung des Englischen eine zentrale Rolle zuerkannte. »So lange die Eingeborenen die englische Sprache nicht kennen«, räsonierte er über Indien, »werden sie nichts von der Zivilisation unserer Zeit wissen.« (Dilke 1868/69: II, 373) Daß er damit nicht nur englischsprachige Literatur als Quelle der geistigen Erbauung meinte, machen Stellen deutlich, an denen er seiner Zuversicht Ausdruck gibt, daß »Englisch die Menschen Hindustans zivilisieren und befreien wird.« Nicht nur das, durch seine Einführung »würde zweifellos dem größten Fluch Indiens Einhalt geboten, dem falschen Schwören vor Gericht« (ebd.: 372f.). Die englische Sprache, dürfen wir paraphrasieren, zivilisiert, befreit und hält seine Sprecher vom Lügen ab. Wahrlich eine magische Kraft, die ihr innewohnt. Können wir selber noch länger zögern, flugs das Englischstudium aufzunehmen? Aber Deutsch ist ja auch gar nicht schlecht.

Wer sich nur einer guten Sprache befleißigt, kann nicht schlecht denken oder handeln. Das ist die Überzeugung, die hinter den Vorschlägen für die Verbreitung zivilisierter Sprachen steht. Sie findet sich keineswegs nur bei unreflektiert eurozentrischen Verfechtern der Vorherrschaft der weißen Rasse. Carl von Ossietzky, der große Pazifist und Herausgeber der *Weltbühne*, wollte die Faschisten dazu »verurteilen, richtiges Deutsch zu lernen«, damit sie zurück auf den Pfad der Tugend fänden. Die Macht der richtigen Sprache würde sie schon zu richtigem, und das heißt hier: moralisch richtigem Denken und Handeln zwingen.

Daß Sprachen die eigentlichen Fundamente von Denkgebäuden sind, ist eine Vorstellung, die vielen selbstverständlich scheint. Friedrich Nietzsche diagnostizierte eine Familienähnlichkeit alles indischen, griechischen und deutschen Philosophierens, für die er eine einfache Erklärung sah: die Verwandtschaft der indoeuropäischen Sprachen. »Wo Sprach-Verwandtschaft vorliegt, ist es gar nicht zu vermeiden, daß, dank der gemeinsamen Philosophie der Grammatik – ich meine dank der unbewußten Herrschaft und Führung durch gleiche grammatische Funktionen – von vornherein alles für eine gleichartige Entwicklung und Reihenfolge der philosophischen Systeme vorbereitet liegt.« (Nietzsche 1967:25) Es gibt also eine Philosophie der Grammatik, die den Denker führt. An sie dachte wohl auch Martin Heidegger, als er feststellte, daß zum Philosophieren nur zwei Sprachen taugten (vgl. Farias 1987), Griechisch und – wer sägt sich schon den Ast ab, auf dem er sitzt! – Deutsch.

Denken wir einmal »Rotverschiebung«! Wer im Physikunterricht aufgepaßt hat, wird sich da an etwas erinnern, an ein Phänomen nämlich, das bei der durch die Beobachtung ferner Himmelskörper gelungenen Bestätigung von Einsteins Relativitätstheorie eine wichtige Rolle spielte. Einstein hat darüber nachgedacht, bevor das Wort *Rotverschiebung* im Umlauf war oder für irgendjemanden etwas bezeichnete. Was er sich dabei dachte, war recht kompliziert. Eine Definition des mittlerweile geläufigen Fachausdrucks gibt eine Vorstellung davon:

»Die bei einer sich entfernenden Quelle durch den Doppler-Effekt hervorgerufene Verschiebung der Spektrallinien nach dem langwelligen Ende des Spektrums. Bezieht sich in der Kosmologie auf die beobachtbare Verschiebung der Spektrallinien ferner astronomischer Objekte.« (Weinberg 1980: 171)

Beispiele dafür, daß erst gedacht und dann formuliert, ein Phänomen erst erkannt und dann getauft wird, gibt es in der Wissenschaft massenhaft. Schriftsteller bieten ihren Lesern routinemäßig neue Ausdrücke und Formulierungen für originelle Gedanken an, eine Fähigkeit, die bei ihnen auffällt, die sie aber mit jedem Durchschnittshirner (zu *hirnen* s.o., S. 45) teilen. Dennoch hält sich hartnäckig die Vorstellung, daß wir *in* der Sprache denken, daß unsere Sprache unser Denken bestimmt. Wo kommt sie her, und wo führt sie hin?

Romantische Geister

Die romantischen Geister sind Volksgeister, eine besondere Spezies immaterieller Wesen, die recht plötzlich in der zweiten Hälfte des achtzehnten Jahrhunderts ins Leben traten. Unter ihren Taufpaten saßen deutsche Denker in der ersten Reihe, allen voran der Weimarer Konsistorialrat Johann Gottfried Herder, der Sprache und Poesie zur Grundlage von Volk und Nation erklärte. Die romantische Lehre, der zufolge Sprachen Ausdruck von Volksgeistern sind, die die Welt der Dinge unterschiedlich gliedern, wurde wenig später von Wilhelm von Humboldt aufgenommen und weiterentwickelt: »Die Sprache ist gleichsam die äußerliche Erscheinung des Geistes der Völker; ihre Sprache ist ihr Geist und ihr Geist ihre Sprache.« (Humboldt 1830/1963: III, 414) Seine enzyklopädischen linguistischen

Kenntnisse und sein umfangreiches sprachphilosophisches Werk haben entscheidend dazu beigetragen, dem Sprachdeterminismus einen festen Platz in der Diskussion über den Zusammenhang von Sprache und Denken zu sichern. Humboldts Werk ist freilich viel zu differenziert, als daß es sich auf eine Position in dieser diffizilen Frage reduzieren ließe. »Jede Sprache«, schrieb er zwar, »enthält das ganze Gewebe der Begriffe und die Vorstellungsweise eines Theils der Menschheit«, und gab zu bedenken, »wie gering eigentlich die Kraft des Einzelnen gegen die Macht der Sprache ist.« (Ebd.: 434, 438) Damit formulierte er das Leitmotiv: die Macht der Sprache über den Einzelnen. Andererseits jedoch sah er genau, was manche seiner Adepten nicht sehen wollten, nämlich daß diese Macht keineswegs absolut ist: »In der Art, wie sich die Sprache in jedem Individuum modifiziert, offenbart sich ihrer im Vorigen dargestellten Macht gegenüber, eine Gewalt des Menschen über sie.« (Ebd.: 439) Humboldt ließ also gelten, was evident ist: daß die individuelle Sprachbeherrschung den Einfluß des Einzelnen auf die Sprache impliziert. Dessenungeachtet wird er oft als Schutzheiliger der Lehre von der Sprachabhängigkeit des Denkens vereinnahmt, teils durchaus zu Recht.

Humboldt war von der Idee, Sprachen hätten einen »Einfluß auf die geistige Entwicklung des Menschengeschlechts«, fasziniert. Das läßt sich nicht leugnen. Wie im Titel dieser berühmten Schrift kommt es in seinem Werk immer wieder zum Ausdruck. Woher rührt aber diese Faszination? Aus ihr spricht auch – wie könnte es anders sein? – seine Zeit. Es lohnt sich in diesem Zusammenhang, an zwei Wegmarken der geistigen Strömungen zu erinnern, die das intellektuelle Leben Anfang des neunzehnten Jahrhunderts kennzeichneten.

Die eine hat mit der Entwicklung der Sprachwissenschaft zu tun. Die koloniale Expansion Europas erbrachte eine Horizonterweiterung auch auf diesem Gebiet. Europäer kamen mit Sprachen in allen Teilen der Welt in Berührung, manche ließen sich von ihrer Vielfalt beeindrucken. Wichtige Erkenntnisse wurden gewonnen wie zum Beispiel die Entdeckung, daß eine große

Zahl von Sprachen, die zwischen dem Ganges in Bengalen und der Insel Island im Nordatlantik gesprochen wurden, miteinander verwandt waren, die indoeuropäische Sprachfamilie. Die Beschäftigung mit Sprachen wurde damit zu einem Unternehmen, das nicht mehr allein die Schulmeister, sondern die Wissenschaftler interessierte. Die Untersuchung jeder neuen Sprache förderte wunderbare Eigenheiten ans Licht, Strukturen, die so verschieden von denen der bekannten Sprachen waren, daß es manchmal durchaus schwerfiel, Entsprechungen in ihnen zu finden. Friedrich Schlegel schrieb *Über die Sprache und Weisheit der Indier* und entwarf die *vergleichende Grammatik* als neue Subdisziplin. Franz Bopp, Rasmus Rask und Jacob Grimm entdeckten die der Sprachveränderung zugrundeliegenden Gesetze der Lautverschiebung, wodurch die Erforschung der Sprachen einen wissenschaftlichen Charakter im modernen Sinne bekam. Außerdem leistete die Sprachwissenschaft wichtige Beiträge zu spektakulären intellektuellen Leistungen wie etwa François Champollions Entzifferung der ägyptischen Hieroglyphen, die die ägyptische Sprache zugänglich machte und Einblicke in das ägyptische Denken ermöglichte. Das war faszinierend. Humboldt selbst hat diverse Sprachen untersucht und sich in manche durch eingehendes Studium hineingedacht, wie zum Beispiel in das Baskische, das so völlig anders gebaut ist als die indoeuropäischen Sprachen. Die Sprachwissenschaft der Zeit machte nicht nur enorme Fortschritte, sie erfreute sich deswegen auch allgemeiner Beachtung. Es lag nahe, Sprachen als Objekte zu betrachten, die für das Verständnis des Menschen und seines Geistes mehr versprachen als jeder andere wissenschaftlich erforschbare Gegenstand.

Die andere wichtige Entwicklung des Geisteslebens jener Zeit lief dieser rationalen Sprachbetrachtung genau entgegen. Gemeint ist die Beschwörung der Sprache zum Zwecke der Rechtfertigung der Nation. Die Aufbruchstimmung in der Sprachwissenschaft fiel in die Epoche des erblühenden Sprachnationalismus, insbesondere in Deutschland. Im Zuge der Revolution und auf dem Hintergrund schon relativ lange gegebener territorialer Integrität hatten die Franzosen eine voluntaristische Idee von der Nation entwickelt, der anzugehören prinzipiell Sache freier Entscheidung war. So faßte beispielsweise der Württemberger Karl Friedrich Reinhard nach dem Fluchtversuch Ludwigs XVI. den Entschluß, »als Franzose leben und sterben zu wollen«. Er brachte es bis zum Außenminister der Nation seiner Wahl (Schulze 1994: 169). Kofi Yamgnane, 1945 in Togo geboren, seit 1989 Bürgermeister des bretonischen Städtchens St. Coulitz, verkörpert diese Idee in unseren Tagen: »Ich fühle mich durch und durch als Franzose, weil ich beschlossen habe, Franzose zu sein. Ich fühle mich sogar als Bretone, weil ich beschlossen habe, Bretone zu sein.« Yamgnane, der bis zu seinem achten Lebensjahr nie ein französisches Wort gehört hatte, war bis 1993 Vizeminister in der französischen Regierung (*Los Angeles Times* World Report 20. 5. 1995). Um die Nation auf diese Weise zu entwerfen, fehlten in Deutschland Anfang des neunzehnten Jahrhunderts klare Kriterien. Einen verfaßten Staat gab es ebensowenig wie ein abgegrenztes Territorium. Was allein die politische und geographische Zersplitterung als Idee überbrücken konnte, war die als gemeinsam postulierte Sprache. Wer deutsch sprach, sollte Deutscher sein, auf Gedeih und Verderb. Die Sprachnation wurde als Idee geboren, obwohl sprachliche Homogenität in Deutschland keineswegs gegeben war. Angehören konnte man ihr nicht durch freie Wahl, sondern nur durch das Schicksal. Das frankophobe Gedankengut, dem von Herder und dem Rektor der Berliner Universität, Johann Gottlieb Fichte, Ausdruck gegeben wurde, verschmolz zu der Vorstellung von der Schicksalsgemeinschaft des Volkes, mit der ein jeder durch die gemeinsame Muttersprache unentrinnbar und zeitlebens verbunden blieb. Sprache wurde mit einem Wort als Katalysator der nationalen Einigung und Abgrenzung nach außen in Dienst gestellt.

Zu diesem Zweck mußte die Sprache mehr sein als nur ein Trachtenrock, in den jeder hineinschlüpfen kann. Sie wurde, um diesem Anspruch zu genügen, als ein hermetisches System konstruiert, das als Verkörperung des Volksgeistes den Einzelnen beherrschte. Wie ließ sich das überzeugender glaubhaft machen, als durch die Unterstellung einer unverbrüchlichen Beziehung zwischen dem Denken und der einzelnen Sprache! Darüberhinaus mußte die Sprache, wie im vorausgegangenen Kapitel dargestellt, als in ihrem Wesen unveränderlich und in graue Vorzeit zurückreichende authentische Quelle des Volkes begriffen werden. »Unsere Geschichtskunde rechtfertigt doch nirgends die Annahme, dass je eine Nation vor ihrer Sprache vorhanden gewesen«, konstatierte Humboldt (1823/1963: III, 69), allen historischen Fakten zum Trotz. Der Nationsbegriff, den er verwendete, war ebenso konstruiert wie der der Sprache. Mit deren Authentizität und Hermetik hatte es nicht mehr auf sich als mit den Volksmärchen, die die Brüder Grimm bäuerlichen Märchenerzählern abgelauscht haben wollten, die aber in Wirklichkeit ein höchstartifizieller literarischer Beitrag zur Bildung des Nationalmythos waren. Wie Humboldt waren auch die Grimms vom Volksgeist ihrer Zeit beseelt. Wie er beteiligten sie sich an dem Vorgang, den der Historiker Eric Hobsbawm als »Erfindung der Tradition« auf den Begriff gebracht hat. Er schätzt die Rolle der das Volk angeblich wie ein unsichtbares Band einenden Sprache nüchtern ein: »Nationalsprachen, die von mehr als einer hauchdünnen Elite in Schulen gelernt und geschrieben werden, vom Sprechen ganz zu schweigen, sind weitgehend Konstrukte unterschiedlichen, aber meist jungen Alters.« (Hobsbawm 1983)

Die Vorstellung, das Denken des Einzelnen und eines Volkes werde durch die seinen Mitgliedern vom Schicksal mitgegebene Muttersprache bestimmt, entstand in Deutschland zu einer Zeit, als an der Erfindung einer Tradition akuter Bedarf bestand. Es war eine Zeit, in der die Mannigfaltigkeit immer neuer bekannt werdender Sprachen die Phantasie der Wissenschaft beflügelte, während gleichzeitig die Sprache als Abgrenzungskriterium gebraucht wurde. Das war ein fruchtbarer Nährboden für die Irrlehre vom sprachlichen Weltbild, die im öffentlichen Diskurs über Sprache und selbst in der Wissenschaft noch immer eine Rolle spielt.

Seit die Sprache in der deutschen Romantik zum Vehikel der Volksseele avanciert ist, gilt es als ausgemacht, daß der Mensch als Einzelner und als Kollektiv eine Muttersprache hat, wobei meist bereitwillig übersehen wird, daß der Begriff der Muttersprache eben seit dieser Zeit nationalistisch eingefärbt ist. (Siehe Ahlzweig 1994) Es gilt ebenfalls als selbstverständlich, daß *Muttersprache* tatsächlich etwas bezeichnet und nicht ein völlig leerer Zweckbegriff ist. Auch heute noch erfüllt dieser Begriff nämlich eine wichtige Funktion.

»Auf höchster Verständnisstufe führt Sprache in philosophischer Wertung unmittelbar zum Kern der geistig-kulturellen Existenz eines Volkes. Sprache ist sozusagen ein ›genetischer Fingerabdruck‹ der unverwechselbaren kulturellen Identität.« (*Bericht der Bundesregierung* über die Stellung der deutschen Sprache in der Welt 1. 10. 1993) So schön blumig äußert sich die, die sich heute als Sachwalterin der deutschen Sprache betrachtet, die Bundesregierung. Es lohnt sich, etwas genauer hinzusehen. Bemerkenswert ist etwa die biologische Metapher, deren Brisanz die am leichtesten erkennen werden, die darin ein Echo vernehmen, nicht nur von Humboldts Ruf nach dem Volksgeist. Ein genetischer Fingerabdruck, das ist nicht etwas, was man wählt, es wird einem mitgegeben. Um Identität geht es, um diesen gegenwärtig ebenso oft angerufenen wie mißbrauchten Begriff kommen wir nicht herum. Nach herkömmlichem Verständnis erlaubt es der Fingerabdruck, die Identität selbst dessen festzustellen, der sich seiner eigenen gar nicht so sicher ist. Das ist eine Identität, die man nicht selbst bestimmt. So soll es mit der Sprache sein, nach Auffassung interessierter Kreise.

Das Echo? Nun, zum Beispiel der Aufruf der Deutschen Studentenschaft *Wider den undeutschen Geist* vom April 1933, in dessen zweitem Leitsatz verlangt wurde, daß alle jüdischen (also: von Deutschen jüdischen Glaubens oder jüdischer Abstammung verfaßten) Werke auf hebräisch erscheinen sollten. Man täte Humboldt gewiß Unrecht, wollte man ihm solche Absurdität in die Schuhe schieben, aber daß hier der Geist des Sprachnationalismus spricht, wird niemand leugnen wollen. Noch, daß dieser Geist seinen Niederschlag in den Geisteswissenschaften und insbesondere in der Sprachwissenschaft gefunden hat. Titel wie die folgenden sind eine peinliche Illustration: *Die volkhaften Kräfte der Muttersprache; Vom Weltbild der deutschen Sprache; Muttersprache als Schicksal und Aufgabe; Die Sendung der deutschen Sprache für die Volksgemeinschaft; Muttersprache als völkische Schicksalsmacht; Muttersprache und volkhafte Erziehung; Die Macht der Sprache im Leben des Volkes; Die germanische Haltung zur Muttersprache; Móðurmál. Die germanische Wertung der Muttersprache; Die deutsche Sprache im Aufbau des deutschen Volkslebens; Muttersprache und Geistesbildung.*

Die Schriften, die unter diesen Titeln in den dreißiger, vierziger und fünfziger Jahren dieses Jahrhunderts erschienen, stammen von Leo Weisgerber, der sich selbst als Humboldtinterpret verstand und in Deutschland mehr Einfluß auf das öffentliche Bewußtsein von Sprache hatte als jeder seiner zeitgenössischen Fachkollegen. Seine Leistung bestand darin, Humboldts Lehre vom sprachlichen Weltbild unzweideutig mit dem modernen Sprachnationalismus zu verknüpfen. Die Sprache wurde unter seinen Händen zur hermetischen Denkform einer Nation. Wenn man weiß, daß Weisgerber Zwei- oder Mehrsprachigkeit für eine Gefährdung der geistigen Hygiene des Kindes hielt, erkennt man, daß sein Denken über Sprache diese in prekäre Nähe zu einer anderen konstruierten Hermetik rückte, auf die wir schon einmal im vorigen Kapitel im Zusammenhang mit Sprache aufmerksam wurden, die Rasse. Schicksalhaft sollte auch die sein. Während die Rasse freilich durch die von ihren Apologeten herbeigeführte Katastrophe nachhaltig diskreditiert wurde, ist uns die Muttersprache erhalten geblieben. Für Weisgerber war sie ein Schicksal, ja, ein Gefängnis. Nur eine explizite Äußerung aus seiner Feder soll das belegen: »Indem das Kind in die Muttersprache hineinwächst, prägt sich ihm die geformte geistige Welt seines Volkes zutiefst ein. ... Diese sprachliche Zwischenwelt wird dem Menschen so tief eingeprägt, daß er aus ihrem Bann gar nicht mehr herauskann.« (Weisgerber 1941:7) Den Geist fesseln, das ist es, was die Sprache tut, nicht ihm gehorchen und als Mittel des Ausdrucks zur Verfügung stehen.

Hier erkennen wir den eigentlichen Vater des »genetischen Fingerabdrucks«, der die deutsche Sprache sein soll. Wer Sprache so betrachten will, nämlich als völkische Schicksalsmacht bzw. Symbol der Ethnizität, wie es in der heutigen aseptischen Diktion heißt, richtet sein Augenmerk auf die oberflächlichen Eigenheiten der Sprachen und ignoriert die vielen universellen Züge, dank derer Sprachen Sprachen sind. *Der Mensch im Akkusativ* etwa heißt eine Studie Weisgebers (1957). Daß es im Deutschen ein Kasussystem gibt, dem auch der Mensch unterworfen ist, wenn über ihn gesprochen wird, lenkt unsere Gedanken in eine ganz bestimmte Richtung. Wirklich? Sollte das Kind, das die Fälle noch nicht unterscheidet, etwas ganz anderes denken, wenn es sagt, *ich schlage du*, als ich, wenn ich sage, *ich schlage dich*? Und wird das englischsprechende Kind niemals begreifen, was es heißt, im Akkusativ geschlagen zu werden, weil die morphologisch pauperisierte englische Sprache keinen Akkusativ hat? Wer das glaubt, muß Beweise dafür vorlegen, daß die Sprache den Geist wirklich so in Bann schlägt, daß er gar nicht mehr heraus kann. Solche stehen freilich bislang aus.

Die amerikanische Variante

Sprachdeterministisches Denken blieb kein Privileg des deutschen Sonderwegs. In Amerika wurde es in den dreißiger Jahren, weitgehend ohne Humboldt-Rezeption, wiederaufgelegt, um bis in die Gegenwart unter dem Titel »Sapir-Whorf-Hypothese« im Gespräch zu bleiben. Einer ihrer zeitgenössischen Anhänger spricht davon, daß »die Sprache über eine Existenz außerhalb der interpersonalen Sphäre verfügt und die Menschen gewissermaßen nach einer ihnen vorausliegenden Blaupause formt« (Mengham 1995:18). Also der alte Hut vom Gefängnis Sprache. Schuld daran ist vor allem Benjamin Lee Whorf, der einerseits die Sprachwissenschaft, ähnlich wie Humboldt, durch die Erforschung seinerzeit kaum untersuchter Sprachen enorm stimulierte, andererseits aber allerlei Märchen über diese Sprachen und ihre Sprecher in die Welt setzte. Notorisch und inzwischen Teil allgemein gängigen Aberglaubens über Sprache ist zum Beispiel, daß die Eskimos Hunderte von Wörtern für Schnee hätten und daß es in der Kosmologie der Hopis keinen Zeitbegriff gäbe, diese, von ihrer tempuslosen Sprache gezwungen, vielmehr dächten, daß alles, was je passierte, immer noch ist (Whorf 1963). Daß die Eskimosprache nicht mehr Wörter für Schnee hat als andere Sprachen, die in Landstrichen gesprochen werden, wo es Schnee gibt, und daß die Hopis sowohl ein Tempussystem als auch Begriffe für Zeiteinheiten haben, ist inzwischen zweifelsfrei nachgewiesen worden (Pullum 1991; Malotki 1983).

Whorf war ein Schüler des bedeutenden Sprachwissenschaftlers und Anthropologen Edward Sapir, der lehrte, daß die Sprache die Gußform und Matrize des Gedankens sei (Sapir 1921: 15, 22). Whorf ging noch weiter. Für ihn war das Denken »der ureigenste Bereich der Sprache« (ebd.: 111). Dies voraussetzend, mußte er angesichts der von dem Null-acht-fuffzehn-Muster der europäischen Sprachen beträchtlich abweichenden amerikanischen Indianersprachen zu der Überzeugung gelangen, daß deren Sprecher auch völlig anders dachten als Europäer bzw. Amerikaner. Woher wußte er das? Nun, sie sprachen ja schließlich so völlig anders. Die Zirkularität seiner Argumentation muß Whorf entgangen sein. Auch der Umstand, daß er die spezifischen Strukturen der von ihm untersuchten Sprachen mittels der englischen Sprache darstellen und erklären konnte, hat ihn von der Vorstellung des sprachbestimmten Denkens nicht abgebracht. Hier ist eine klare Formulierung seiner These. Sie besagt, daß »das linguistische System jeder Sprache nicht nur ein reproduktives Instrument zum Ausdruck von Gedanken ist, sondern vielmehr selbst die Gedanken formt, Schema und Anleitung für die geistige Aktivität des Individuums ist. … Wir gliedern die Natur an Linien, die uns durch unsere Muttersprachen vorgegeben sind. Die Kategorien und Typen, die wir aus der phänomenalen Welt herausheben, finden wir nicht einfach in ihr; ganz im Gegenteil präsentiert sich die Welt in einem kaleidoskopartigen Strom von Eindrücken, der durch unseren Geist organisiert werden muß – das aber heißt weitgehend: von dem linguistischen System in unserem Geist« (ebd.: 12).

Ein unter Anthropologen beliebter Gegenstand der Natur, der einer derartigen Organisation bedarf, sind Verwandtschaftsbeziehungen. Als biologische Gegebenheiten haben sie einen objektiven Charakter, aber in verschiedenen Gesellschaften werden sie durchaus unterschiedlich kategorisiert. Die australischen Pitjanjatjara zum Beispiel werfen die Mutter und ihre Schwester, unsere Tante also, in einen Topf; beide nennen sie *ngunytju*. Ein nicht minder exotischer, an der Nordseeküste siedelnder Stamm macht keinen Unterschied zwischen Nichte und Cousine bzw. Neffe und Cousin: Schwester-Sohn, Bruder-Sohn, Tanten-Sohn und Onkel-Sohn klassifizieren die Niederländer den Linien ihrer Sprache folgend alle unterschiedslos als *neef*. Was *nicht* heißt, kann sich nun jeder selbst ausmalen. Müssen wir daraus aber folgern, daß den Niederländern ein Begriff für den Unterschied zwischen den Generationen bei Verwandten zweiten Grades abgeht oder daß die Pitjanjatjara begrifflich nicht zwischen der leiblichen Mutter und ihrer Schwester unterscheiden können?

Jede Sprache ist voll von Ausdrücken, die in einem mehr oder weniger willkürlichen Verhältnis zu den Gegebenheiten der Natur stehen. Wir sagen, »die Sonne geht auf«. Hindert uns das daran, zu begreifen, daß sie weder auf- noch untergeht? Offensichtlich nicht! Unser Wahrnehmen und Denken wird nicht durch den sprachlichen Ausdruck in die Irre geleitet, dieser ist vielmehr in die Sprache gekommen, weil der Augenschein trügt. Nachdem wir uns davon überzeugt haben, können wir ihn aber getrost weiterbenutzen, weil wir wissen, daß einen Ausdruck verstehen und eine Sache verstehen, nicht dasselbe sind. Daß ein Walfisch kein Fisch ist, braucht man einem Kind nur einmal zu sagen. Und wenn jemand nicht zwischen Nichte und Cousine oder Mutter und Tante unterscheidet, dann nicht, weil die Sprache ihm das verbietet, sondern weil die Differenzierung gesellschaftlich nicht so belangreich ist, daß sie nach Ausdruck verlangt.

Die Lateiner hatten *patruus*, Vaterbruder, und *avunculus*, Mutterbruder, ein Unterschied, der unserem durch den einzigen deutschen *Onkel* strangulierten Geist ebenso verschlossen bleiben muß wie den Japanern der Unterschied zwischen Vergangenheit, Gegenwart und Zukunft, weil ihre Sprache kein Tempussystem hat. (Was manchmal als Vergangenheitsform japanischer Verben ausgegeben wird, hat mehr mit der Abgeschlossenheit oder Unvollendetheit einer Handlung bzw. eines Prozesses zu tun als mit deren zeitlichem Stattfinden.) So schwer es fällt, solchen Gedankengängen zu folgen, haben sie doch beträchtlich viel intellektuelle Energie gebunden. Wieder dürfen wir fragen, warum.

Die inhaltliche Parallelität von Whorfs und Humboldts Verständnis des Zusammenhangs von Sprache und Denken ist augenfällig. Ebenso interessant ist freilich die Parallelität der Umstände, aus denen es erwuchs. Von seinem Lehrer Sapir wurde Whorf in das Studium der amerikanischen Indianersprachen eingeführt, das seinerzeit erstmals systematisch betrieben wurde und dem Vorurteil von der Existenz primitiver Sprachen endgültig ein Ende machte. Aus kulturanthropologischer Perspektive wurden die vielfältigen Sprachen als Teil und Ausdruck sehr unterschiedlicher Kulturen begriffen. Für die amerikanische Sprachwissenschaft war das der entscheidende Impuls der ersten Hälfte dieses Jahrhunderts, ganz ähnlich wie die Beschäftigung mit exotischen Sprachen für die europäische Sprachwissenschaft in Humboldts Zeit. Außerdem waren ethnische Minderheiten im Vielvölkerstaat USA ein sozial brisantes Thema geworden. Es gärte im *melting pot*. 1924 erhielten die Indianer das Bürgerrecht. Unter Wissenschaftlern und in der weißen Mehrheit wuchs das Interesse an ihnen und die Bereitschaft, ihnen einen Platz in der amerikanischen Gesellschaft einzuräumen. Ein erstes konkretes Ergebnis davon war der *Indian Reorganization Act* von 1934. Langsam gewann außerdem die Vorstellung an Boden, daß die Bürger der USA ein Recht auf Abstammungsidentität hatten. Das war die Zeit, die Whorf intellektuell geprägt hat.

* * *

Im geistigen Hintergrund von Whorfs Sprachdeterminismus finden wir also mindestens zwei Elemente, die an Humboldt und seine Zeit erinnern; erstens die Beschäftigung mit vorher wenig beachteten, strukturell von den europäischen sehr verschiedenen Sprachen und zweitens das Interesse an Sprache als Verkörperung von kultureller bzw. ethnischer Identität. Diesem Umstand mehr Gewicht beizumessen als dem Gehalt der These, daß die Sprache, insbesondere die »Muttersprache«, ein Gefängnis des Geistes ist, hat seine Rechtfertigung darin, daß mehr als vierzig Jahre Forschung über Zahlwörter, die Aufteilung des Farbspektrums, Bezeichnungen für die Einteilung des Raums, der Flora und Fauna, Verwandtschaftsbezeichnungen und anderes mehr nichts erbracht haben, was diese These stützen könnte. Die Gläubigen kann das freilich nicht entmutigen, mindert doch die Abwegigkeit einer Vorstellung nicht unbedingt ihre Überzeugungskraft. Diese scheint in Gesellschaften besonders stark zu sein, die mit Fragen der Ethnizität und Identität präokkupiert sind. Vom Deutschland des frühen vorigen Jahrhunderts kann man das ebenso behaupten wie von den USA in der ersten Hälfte des jetzigen.

Es fällt auch nicht schwer, Beispiele aus anderen Teilen der Welt zu finden. Nehmen wir Japan. Das beherrschende Thema des öffentlichen Diskurses in den siebziger Jahren war dort die Besinnung auf die eigene Identität, das Japanersein. »Die japanische Sprache und die Japaner« war ein Topos. Nach dem Ausdruck sprachdeterministischen Denkens braucht man da nicht lange zu suchen. Nicht irgendein Wichtigtuer soll zitiert werden, sondern ein renommierter Linguist, Takao Suzuki. In einem Buch über Sprache und Kultur, das seit 1973 mehr als fünfzehn Auflagen erlebt hat, belehrt er seine Leser folgendermaßen:

«Ohne Wörter könnten wir nicht einmal Hunde von Katzen

unterscheiden. Wenn Wörter der Schlüssel für das Verständnis des Universums sind und das einzige Fenster, durch das es wahrgenommen wird, muß auch das, was wir wahrnehmen, je nach der Struktur der Sprache, die wir verwenden, verschieden sein.« (Takao 1973: 31)

Dies ist ein willkommenes Beispiel, weil es so deutlich ist. Ohne Wörter könnten wir also nicht zwischen Bellen und Miauen unterscheiden, nicht zwischen Viechern, die auf Bäume klettern und kleinen Kanarienvögeln die Hälse langziehen und solchen, die hinter der Gartentür den Briefträger ankläffen. Und was Biologen über die Familien der Caninae und der Felidae zu sagen haben, sagen sie nur, weil es dafür allerlei Wörter gibt? Daß der canis lupus forma familiaris mit dem canis lupus lupus kreuzbar ist, nicht aber mit der felis silvestris forma catus oder sonst einer felis, soll eine Wahrheit sein, deren Erkennen vom Wort abhängig ist? Und wer hat denn den Caninae und Felidae ihre Namen gegeben, und warum? Aber auf diese Diskussion brauchen wir uns gar nicht einzulassen, die Unhaltbarkeit dieser Vorstellung ist zu offensichtlich. Nichts spricht dafür, daß Menschen ohne Sprache auch blind, taub und ohne Geruchs- und Tastsinn sind, wohingegen sehr vieles dafür spricht, daß der Unterschied zwischen Hunden und Katzen und so weiter in der Natur gegeben ist und keineswegs nur in dem durch eine bestimmte Sprache geleiteten Auge des Betrachters. Hunde sind Hunde und Katzen sind Katzen. Das ist keine sprachliche Tautologie, sondern eine Tatsache. Gewiß ist, daß Wörter nicht »das einzige Fenster« sind, durch das wir das Universum wahrnehmen, ebenso wenig wie die einzelne Sprache ein Gefängnis des Geistes ist. Solche Vorstellungen wurzeln vielmehr in ethnozentrischem Interesse an Sprache für Zwecke der Abgrenzung.

Wenn wir gleichzeitig mit der Sprache so etwas wie ein Weltbild erwerben, dann heißt das nicht, daß wir es durch sie erwerben, sondern nur, daß Kinder, wenn sie aufwachsen, allerlei Dinge lernen. Und wenn Differenzierungen in der Sprache, die mit solchen in der Welt übereinstimmen, uns für die benannten Dinge sensibilisieren, rechtfertigt das nicht den Schluß, daß wir sprachlich nicht ausgezeichnete Unterschiede nicht wahrnehmen und begrifflich fassen können. Natürlich ist die Sprache den Notwendigkeiten derer, die sie benutzen, angepaßt, etwa so wie ein gut passender Schuh, aber nicht so wie die chinesische Fußfessel, die ihre Träger fürs Leben verkrüppelte. Die Sprache ist keine Fessel für das Gehirn, denn dies ist ein wunderbar flexibles Organ. Wir können zum Beispiel eine Brille aufsetzen, die die Gegenstände der äußeren Welt umgekehrt auf die Netzhaut projiziert. Anfangs registrieren wir das, aber das Gehirn bedarf nur einer kurzen Gewöhnungszeit, um diesen Effekt völlig zu ignorieren. Einzelne Sprachen sind nicht wie Fußfesseln, sondern mehr wie solche Brillen. Welche man aufsetzt, macht nicht so viel aus.

Wörter im Kopf

Denken und Sprechen sind zweierlei, daran kann also kein Zweifel sein, aber damit ist nicht alles gesagt. Daß die Sprache das mächtigste Medium zum Ausdruck unserer Gedanken ist, ist ebenso sicher, und auch, daß vieles Denken um die Bedeutung von Wörtern und Sätzen kreist, ja, daß viele Gedanken niemals gedacht würden, wäre die Sprache nicht so, wie sie ist. Die Beziehung zwischen Sprache und Denken ist Gegenstand intensiver Forschung und für viele eben das, was die wissenschaftliche Beschäftigung mit Sprache eigentlich die Mühe wert sein läßt. Modelle der Wörter, die wir aussprechen und verstehen, sind in unseren Köpfen gespeichert. Was sie da tun, und welche Rolle sie für die Arbeitsweise des Geistes spielen, ist weniger klar. Wie Gedanken in unserem Gehirn eine sprachliche Form gegeben wird, und ob die Sprache auf das Denken von Gedanken auf irgendeine Weise einwirkt, diese Fragen stehen im Mittelpunkt der Diskussion um das Funktionieren des menschlichen Geistes. Es sind offene Fragen. Zwei gegensätzliche Positionen lassen sich ausmachen. Beiden gleichermaßen fremd ist freilich jeglicher Sprachdeterminismus im Sinne Humboldts oder Whorfs, was als klares Anzeichen dafür gelten muß, daß überzeugende Beweise für einen Kausalzusammenhang zwischen Denkprozeß und den Strukturen verschiedener Sprachen nicht erbracht worden sind.

Die beiden Antipoden, die in dieser Hinsicht miteinander übereinstimmen, sind der Genfer Psychologe Jean Piaget und der amerikanische Linguist Noam Chomsky. Für letzteren ist die Erforschung der Sprache ein Mittel zum Zweck. Der Zweck ist, zu erkennen, wie der menschliche Geist funktioniert. Mit Sprache meint Chomsky dabei im Unterschied zu Whorf nicht die einzelne Sprache – Englisch, Chinesisch oder Hethitisch –, sondern die Sprache im generischen Sinne. Die Universalgrammatik tritt uns im Gewand der verschiedenen Sprachen entgegen, um welche es Chomsky jedoch primär im Interesse des Verständnisses universeller Strukturen zu tun ist. Grammatik ist aus seiner Sicht ein eigenständiges System, dessen Grundlagen im Gehirn angelegt sind und das von anderen Funktionen des Gehirns unabhängig ist. Sprache ist ihm in einem sehr wichtigen Sinn ein biologisches Faktum. Sie ist jedem normalen Menschen gegeben. Demgegenüber betrachtet Piaget bzw. die Entwicklungspsychologie seiner Schule Sprache weder als ein unabhängiges geistiges System noch als eine eigenständige Wissensart, die die Quelle von Denkstrukturen sein könnte. Dies ist ein grundsätzlicher philosophischer Gegensatz (Sinclair 1987), der auf fundierten Überzeugungen beruht, aber letztlich von psycholinguistischer und neurolinguistischer Forschung entschieden werden muß. Bis es soweit ist, wird die Wissenschaft unter beiden Voraussetzungen weiterarbeiten. Die Anhänger der von Chomsky postulierten »angeborenen Ideen« suchen weiter nach Indizien dafür, daß der menschliche Geist eine Menge vorprogrammierter Module ist, deren jedes von Beginn an vollkommen angelegt ist und nur durch ein minimales Angebot äußerer Sinneseindrücke aktiviert zu werden braucht. Die ontogenetische Entwicklung geistiger Strukturen und Denkprozesse ist aus dieser Sicht unwichtig. Genau darauf konzentriert sich jedoch die Aufmerksamkeit der konstruktivistischen Psychologie Piagets. In ihrem Verständnis ist das Individuum zwar begabt, aber es hat auch aktiven Anteil an seiner eigenen Entwicklung, denn begabt ist es unter anderem zur Selbstregulation. Die entwicklungspsychologischen Studien der Piaget-Schule stützen die Annahme, daß sich die Sprache und andere geistige Fähigkeiten des Kindes im engen Zusammenhang miteinander entwickeln und daß sich beide nicht als angeborene Begabung natürlich entfalten, sondern von dem Kind angeeignet werden. Zwischen dem Angeborenen und dem Erlernten gibt es aus dieser Sicht ein Drittes, nämlich eine Selbstkonstruktionsfähigkeit. Die Sprache des Erwachsenen, die für Chomsky nichts weiter als Ausdruck der angeborenen Sprachfähigkeit ist, erscheint aus dieser Perspektive als ein vom menschlichen Geist konstruiertes Werkzeug im Dienst von Darstellung und Kommunikation.

Der hier vertretenen Auffassung kommt Piagets Konstruktivismus mehr entgegen als Chomskys Nativismus, der den menschlichen Geist – freilich auf ganz andere Weise als Whorf – durch das Programm der universalen Grammatik determiniert sieht. Hier wird einer Sichtweise der Vorzug gegeben, nach der die Sprache nicht eine Blaupause ist, sondern ein Konstrukt, und zwar des Individuums ebenso wie des Kollektivs. Bevorzugt wird zudem die optimistische Auffassung, daß der Mensch sich nicht sein eigenes Gefängnis konstruiert, in das er sich selber einsperrt, sondern vielmehr ein Mittel, das es ihm ermöglicht, auf für andere verständliche Weise aus sich herauszugehen.

IV

DAS BESSERE WORT: WORTPRÄGUNG, SPRACHREGELUNG, SPRACHSCHÖPFUNG

Die karolingischen Gelehrten wurden sich des Unterschieds
zwischen Romanisch und Lateinisch nicht nur, wie oft bemerkt,
bewußt; sie haben den Unterschied erfunden.

Roger Wright

Arbiträr

B*ara* klingt beim ersten Hinhören kompakt, schwer, grob,
nicht zart, duftig und zerbrechlich. Auf japanisch heißt dieses Wort »Rose«, eine Bestätigung der Einsicht, die Shakespeare
Julia, an Romeo gewandt, aussprechen läßt: »Was uns Rose
heißt, wie es auch hieße, würde lieblich duften.« Zwischen den
Dingen und ihren Namen besteht keine notwendige, sondern
allein eine konventionelle Beziehung, obwohl Ströme von Tinte
vergossen worden sind, um zu beweisen, daß irgendetwas nur so
und nicht anders heißen könnte. Diese Auffassung ist mit dem
im vorigen Kapitel besprochenen Sprachdeterminismus verwandt, demzufolge die Sprache für uns denkt und begriffliche
Einteilungen vornimmt, ohne die uns die Welt ganz anders
erscheinen würde. Allein, die Vielfalt der Sprachen erlaubt es uns
nicht, darüber hinwegzusehen, daß ein Elefant nicht so heißt,
weil er einen Rüssel hat, sondern weil wir ihn so nennen. Wir
könnten ihn auch anders nennen, ohne daß er dadurch weniger
elefantös würde.

Der allgemeine Zusammenhang, um den es hier geht, ist als
Arbitrarität des sprachlichen Zeichens bekannt. Die arbiträre
oder willkürliche, unmotivierte Beziehung zwischen Zeichen

und Bezeichnetem wurde von Ferdinand de Saussure als eine grundlegende Eigenschaft des Sprachsystems erkannt. Mit seiner Hilfe können wir uns über die Dinge der Welt, inklusive die von uns erdachten, austauschen, weil die Gestalt des einzelnen Sprachzeichens in ihren Einzelheiten nicht mit Formen oder anderen Eigenschaften des bezeichneten Objekts korrespondiert. Daß ein und derselbe Gegenstand in den Sprachen der Welt völlig unterschiedliche Benennungen hat, ist der einsichtigste Beleg dafür.

Die Arbitrarität des sprachlichen Zeichens gewährleistet auch, daß Wörter durch langen und häufigen Gebrauch abgeschliffen und bis zur Unkenntlichkeit verändert werden können, ohne daß sich dadurch ihre Funktion und ihre Stellung im System des Lexikons wandeln müßte. Aus *Omnibus* kann ohne Verlust an Aussagegehalt *Bus* werden, das verstümmelte Wort bezeichnet den gemeinten Gegenstand genauso unmißverständlich. Wenn andererseits die Form von Sprachzeichen von irgendwelchen Qualitäten der bezeichneten Objekte bestimmt würde, käme das einer ernsthaften Einschränkung des Ausdrucksvermögens der Sprache gleich, da sich jede Veränderung der Form als Störung auswirken würde. Das Sprachzeichen muß also arbiträr sein, und in diesem Sinne ist es einerlei, mit welchem Wort welches Ding bzw. welcher Begriff bezeichnet wird.

Nicht suspendiert, aber etwas relativiert ist die Arbitrarität des Sprachzeichens bei Komposita. Ein Schreibtisch ist so offensichtlich ein Tisch zum Schreiben, wie eine Volksschule eine Schule fürs Volk ist. Diese Art von Motiviertheit ist jedoch höchstens eine nachvollziehbare, keine zwingende. Ein Rollstuhl könnte, was die Motiviertheit der Benennung betrifft, ebenso gut *Fahrstuhl* heißen, aber *Fahrstuhl* heißt nun einmal etwas anderes, was freilich auch mit *Aufzug* oder *Lift* gut bezeichnet wäre. Ein und dasselbe Sprachzeichen ist für manche Mitglieder der Sprachgemeinschaft motiviert in dem Sinne, daß es etymologisch transparent ist, während es für andere kompakt und undurchsichtig ist. Manche wissen, daß *Telephon* von griechisch *tele* »fern« und *phone* »Stimme« kommt, andere wissen es nicht. Manche erinnern sich daran, daß *Kuli* von *Kugelschreiber* abgeleitet ist, andere nicht. Dieses metasprachliche Wissen ist kein Teil der Wortbedeutungen, und die Wörter können mit oder ohne Kenntnis ihrer genetischen Motiviertheit verwendet werden. Etymologie und Bedeutung werden freilich oft miteinander verwechselt, insbesondere von Sprachgurus, die uns über das bessere Wort für diese oder jene Gelegenheit belehren.

Das ist einer der Gründe dafür, daß die Lehre von der Arbitrarität des Sprachzeichens zwar wahr ist, die Einstellung zur Sprache und ihren Gebrauch aber nur bedingt leitet. Ihrer ungeachtet wird die klassische Frage, *What's in a name?* öfter mit »sehr viel« als mit »gar nichts« beantwortet. Auch wenn Namen nicht unbedingt Omen sind, wird ihnen doch viel Bedeutung beigemessen. »Der passende Name«, »dem Namen gerecht werdend«, »die treffende Bezeichnung« und andere Redeweisen dieser Art zeugen davon, daß es trotz der Willkürlichkeit der Beziehung zwischen Name und Objekt bzw. Wort und Begriff nachvollziehbare Gründe gibt, weshalb Dinge so benannt werden, wie sie benannt werden und daß diese Gründe in Frage gestellt werden können. Sprecher haben Präferenzen, wie sie über die Dinge sprechen und welche Worte sie dafür wählen.

Anstößig

Im August 1995, als sie das fünfzigjährige Jubiläum des Kriegsendes und der Befreiung von japanischer Herrschaft feierten, wurden die Südkoreaner von ihrem Erziehungsministerium mit einem neuen Wort beschenkt. Die bisher so genannte Volksschule, *kukmin hakkyo*, sollte künftig nicht mehr so heißen, sondern *chodung hakkyo*, Grundschule. Gleichzeitig wurde in Seoul das Gebäude des Nationalmuseums abgerissen, um durch ein neues ersetzt zu werden. Äußerlich betrachtet waren weder das eine noch das andere baufällig. Wort und Gebäude hätten ihren Dienst auch weiterhin versehen können, aber manchen waren sie ein Pfahl im Fleisch. Von der japanischen Regierung errichtet, beherbergte das Gebäude einst die verhaßte Kolonialverwaltung, und eben die war es, die 1941 die Bezeichnung *kukmin hakkyo* einführte, eine wörtliche Übersetzung des japanischen *kokumin gakko*. Letzterer Ausdruck läßt, anders als *Volksschule*, nicht die Interpretationsmöglichkeit der Schule für das (gemeine) Volk offen, sondern bedeutet unzweideutig Schule für das Staatsvolk. Zu einem Teil desselben, nämlich des japanischen Staatsvolkes, sollten die Koreaner durch systematische Auslöschung ihrer ethnischen Identität, Verbot ihrer Sprache, Zerstörung kultureller Artefakte gemacht werden. Daran durch die Bezeichnung der Schule, durch die jeder gehen muß, erinnert zu werden, ging stolzen Koreanern ebenso gegen die Ehre, wie ihr Nationalmuseum in einem japanischen Gebäude untergebracht zu wissen. Das Wort wurde also wieder aus der koreanischen Sprache hinauskomplimentiert, gerade noch rechtzeitig, bevor alle seinen anstößigen Hintergrund vergessen hatten. Das Kolonialverwaltungs- und dann Museumsgebäude wurde für rund 20 Millionen Mark demoliert. »Zerstört den Kolonialpalast, restauriert die Vergangenheit«, hieß es auf Transparenten an der Baustelle.

Daß fünfzig Jahre verstrichen, bevor in Südkorea mit der japanischen Hinterlassenschaft in Stadtbild und Sprache aufgeräumt wurde, lehrt uns zweierlei: Das eine ist, daß Gebäude und Wörter nicht nur aus Beton bzw. Lauten bestehen, sondern auch einen in der Geschichte ihrer Schöpfung wurzelnden symbolischen Aspekt beinhalten, der ebenso wie ihre physische Gestalt die Jahrzehnte überdauert. Das zweite ist, daß andererseits physische Gestalt und Funktion architektonischer und sprachlicher Objekte durchaus ein eigenes Bestehen haben, das in vieler Hinsicht primär ist. Ein halbes Jahrhundert lang hatten die Koreaner Besseres zu tun, als sich darüber aufzuregen, wie ein Wort in die Sprache und ein Gebäude in die Stadt gekommen waren. Sie beschäftigten sich vor allen Dingen damit, reich zu werden, und als sie das in Maßen erreicht hatten, konnten sie es sich leisten, ihre Aufmerksamkeit solchen symbolischen Reinigungsaktionen zu widmen. Symbolisch sind sie in doppelter Hinsicht, da sie sich auf symbolträchtige Gegenstände richten und auf symbolische Korrekturen beschränken. Während der 35 Jahre Kolonialherrschaft sind Tausende von Wörtern aus dem Japanischen ins Koreanische gekommen, insbesondere Fachausdrücke aus Staatsverwaltung, Wissenschaft und Technik. Sie werden aus der Sprache ebenso wenig verbannt, wie die Schienen unter japanischer Herrschaft gebauter Eisenbahnen wieder aus dem Grund gerissen oder andere Teile der Infrastruktur zerstört werden, die aus dieser Zeit stammen. Man bescheidet sich mit kosmetischen Operationen, aufrechten Absichtserklärungen *pars pro toto*.

Wörter werden immer wieder als anstößig empfunden, aus verschiedenen Gründen, deren Zugkraft mit Mode und geistigen Zeitströmungen variiert. In Frankreich hat der in Deutschland eher belächelte verbissene Kampf, den die Regierung gegen die das französische Kulturerbe bedrohende Überfremdung der Sprache durch das Englische führt, relativ breiten Rückhalt in der Bevölkerung, obwohl manche überzogenen Direktiven der verschiedenen mit Sprachpflege betrauten Regierungsämter gegen das *Franglais* von den meisten Franzosen ignoriert werden. Die Assoziation obrigkeitlicher Vorschriften zum Sprachgebrauch mit der Gleichschaltung im Dritten Reich und in der DDR hat in Deutschland ein Klima entstehen lassen, in dem jede Art unverhüllter staatlicher Einflußnahme auf Verwendung und Entwicklung der Sprache suspekt ist. Das ist jedoch auch nur eine zeitliche Erscheinung. Seit der Romantik gab es immer wieder private und staatliche Initiativen, der deutschen Sprache die Ehre zu retten, sie vor verderblichen Einflüssen insbesondere der westlichen Nachbarn zu schützen oder zu reinigen. Dazu gab es allen Grund, denn, so schrieb Eduard Engel »im vierten Jahr des Weltkriegs ums deutsche Dasein«, 1918, in seinem Buch *Sprich Deutsch! Zum Hilfsdienst am Vaterland*, »die deutsche Sprache hat sich im 16. Jahrhundert verlateinert, im 17. verfranzöselt, im 18. und 19. Jahrhundert durch und durch verwelscht« (Engel 1918a: 123). Dagegen mußte vorgegangen werden, denn »es gibt keinen völkischen Staat ohne gemeinsame Sprache; es gibt erst recht keinen mit unvölkischer, mit volkswidriger Sprache. An einem Sprachelend krankt das deutsche Volk in einem Grade, der noch von den wenigsten erkannt wird« (ebd.: 114).

Engel ließ es nicht beim Lamentieren bewenden, er veröffentlichte auch ein Verdeutschungswörterbuch mit dem Titel *Entwelschung* (Engel 1918b), in dem er seinen wohlmeinenden aber verbildeten Landsleuten Alternativen für all die welschen Wörter anbot, die sie aus Not oder Unkunde tagtäglich benutzten: *Übervölkertum* statt *Chauvinismus*, *Feinspinner* oder *Schlaumeier* statt *Diplomat*, *fingerzeigend* statt *demonstrativ*, *Zahnkünstler* statt *Dentist*, *Brause* statt *Dusche*, *Kunststraße* statt *Chaussee*, *wacker* statt *brav*, *Geheimratsmaschine* statt *Bürokratie*, *Aktenmensch* statt *Bürokrat*, *Fahrjunge* statt *Liftboy*, *Dampfwagen* statt *Lokomotive*, *Menschenverständler* statt *Rationalist*, *Jungsoldat* statt *Rekrut*, und so weiter.

Die meisten dieser entwelschten Alternativwörter muten nicht sehr überzeugend an, ja sie mögen manches Lesers Mundwinkel zu leichtem Zucken reizen. Dies zu demonstrieren, ist freilich nicht die Absicht hier, und man soll sich dadurch nicht täuschen lassen. Daß Engel nicht mit all seinen Vorschlägen durchdrang, erlaubt nicht den Schluß, daß Initiativen wie seine wirkungslos bleiben müssen, weil sich der Wortschatz »natürlich« entwickelt. Das tut er nicht. Vielmehr ist jedes Wort irgendwann einmal von Menschen geschaffen und in Umlauf gebracht worden. Jedes Wort jeder Sprache ist ein Artefakt. Um Eingang in das Lexikon einer Sprache zu finden, ist entscheidend, daß ein Wort von einem entweder großen oder einflußreichen Teil der Sprachgemeinschaft angenommen und verwendet wird. Die Gesellschaft regiert also das Lexikon. Dennoch können Individuen auf seine Entwicklung großen Einfluß haben, und nicht nur Goethes und Schillers.

Zum Beispiel Heinrich Stephan, Generalpostmeister des zweiten Deutschen Reiches, der 1887 zum Ehrenmitglied des Deutschen Sprachvereins gemacht wurde, zum Dank dafür, daß er seit 1874 die Verdeutschung von 760 »Fremdwörtern« des Postwesens angeordnet hatte. Ihm verdanken wir *Fernsprecher*, *fernmündlich*, *Fernschreiber*, *postlagernd*, *einschreiben* für *Telephon*, *telephonisch*, *Telegraph*, *poste restante*, *recommandieren*, etc. Durch solche Wortprägungen kommen nicht nur einzelne neue Wörter ins Lexikon, sondern mit ihnen oft Muster für Analogiebildungen. Heinrich Stephans Wirkung dauerte lange über seinen Tod hinaus. *Fernsprecher* etwa diente als Muster für *Fernseher*. Ähnlich zogen einzelne Verdeutschungen in anderen Bereichen wie Verkehr und Massenmedien eine Vielzahl von abgeleiteten oder analog gebildeten Formen nach sich: Von *Bahnhof*, *Fahrkarte*, *Bahnsteig* für *Station*, *Billet*, *Perron* zum Beispiel sind viele andere Wörter wie *Bahnhofsvorsteher*, *Fahrkartenverkauf*, *Bahnsteigkarte* etc. abgeleitet.

Daß die eine Variante so gut ist wie die andere, erkennt man leicht, wenn man in die Schweiz oder nach Österreich schaut, wo viele der alten Wörter neben oder statt der Verdeutschungen in Gebrauch sind: *Coupé*, *Retourbillet*, *Perron*, *Billeteur*, *affichieren* für *anschlagen*, *Advokat* für *Rechtsanwalt*, *Offerte* für *Angebot*, *Operateur* für *Vorführer*, etc. Ebenso zeichnet wenig *Liftboy* gegenüber *Fahrjunge* aus oder umgekehrt. Solange Klarheit und Einigkeit über die Bedeutung eines Wortes besteht, ist eins so nützlich wie das andere. Dennoch gibt es individuelle und kollektive Präferenzen, und die richten sich nicht immer nach der Nützlichkeit. Das angeblich bessere Wort ist nicht unbedingt besser in einem funktionalen Sinn, noch hat seine Güte etwas mit sprachinternen Kriterien zu tun, obwohl das manchmal behauptet wird. Die Gründe sind viel öfter solche, wie sie Eduard Engel in dem obigen Zitat so unverhohlen mitteilt, sie sind ideologischer Natur.

Eine mächtige Ideologie, die im Lexikon vieler Sprachen Niederschlag gefunden hat, ist der Purismus, das linguistische Gegenstück der Xenophobie und eines übersteigerten sozialen Abgrenzungsbedürfnisses. Oft sind puristische Tendenzen im Sprachgebrauch und in der Sprachpflege Ausdruck einer Reaktion gegen den Einfluß des bestgehaßten Nachbarn. Die Napoleonischen Kriege und der preußisch-französische Krieg 1870/71 ließen die Wellen antifranzösischen Purismus in Deutschland hochschlagen. Die Flamen in Belgien vermeiden Gallizismen, um sich von ihren wallonischen Landsleuten abzusetzen, während ihre nördlichen Nachbarn in den Niederlanden empfindlicher auf Germanismen reagieren. Die deutschsprachigen Südtiroler bemühen sich, italienische Lehnwörter zumindest aus ihrem Schrifttum fernzuhalten. Die Franzosen verabschieden Gesetze gegen den Gebrauch von Anglizismen in offiziellen Dokumenten. Und so weiter.

Die beherrschende Stellung, die dem Englischen als Erbschaft des britischen Empires und, in diesem Jahrhundert, durch Amerikas Eintritt in die Weltpolitik und die große Sprecherzahl international zugewachsen ist, hat immer mehr Sprachen auf allen Kontinenten mit dieser neuen Weltsprache in Kontakt gebracht und ihrem lexikalischen Einfluß ausgesetzt. Mancherorts läßt man das mit Gleichgültigkeit geschehen, aber es gibt auch Antireaktionen. Kaum ist die Gefahr der Verwelschung gebannt, müssen die Puristen schon wieder an die Front, um der sprachlichen Entvolkung Deutschlands Einhalt zu gebieten, die sich diesmal in Gestalt von *software* und *pc*, *back-up* und *file server*, *scanner*, *cursor*, *graphics state operator*, *menu*, *manual* und *desk-top publishing*, *show business* und *punk*, *e-mail* und *fax*, *blue chip* und *junk bond*, *fixen* und *floaten*, *jobben* und *joggen*, *splitting* und *limit* und dergleichen ankündigt, ganz zu schweigen von *Party*, *Cocktail*, *Crack*, *Boss*, *Camping*, *Handicap*, *Tennis*, *Gangster*, *Jockey*, *Sex* und *Crime* und anderen älteren Unerträglichkeiten. In die Fußstapfen großer Verdeutscher wie dem Lexikographen J. H. Campe, dem Dichter Moritz Arndt, »Turnvater« Jahn (*Leuthold* schlug er für *Patriot* vor, prägte aber auch *Volkstum* für *Nationalität*), Herman Riegel, dem Gründer des Deutschen Sprachvereins, und dem zitierten Eduard Engel treten in unseren Tagen Journalisten (besser: Zeitungsschreiber, Pressepersonen) wie Dieter E. Zimmer und Rudolf Walter Leonhard, die in regelmäßigen Abständen eine Lanze für die Reinheit der deutschen Sprache brechen, um vor der drohenden Anglisierung zu warnen, und mit den Zwitterdeutschen, »die sich geistig ihres deutschen Adelsgeburtsrechts entkleidet haben«, wie es bei Engel (ebd.: 15) hieß, ins Gericht zu gehen.

In die Debatte um das Wohl und Wehe der deutschen Sprache soll hier nicht eingegriffen werden. Wie immer man zu der Frage der Reinheit steht, ob man die vielen englischen Wörter, die uns im Sprachalltag begegnen, für eine innovative Bereicherung oder eine Unterminierung des Fundaments hält, unbezweifelbar ist, daß zumindest diejenigen, die dazu eine Meinung haben, Präferenzen für die Wahl ihrer Worte entwickeln und danach handeln. Und denjenigen, denen dieses Problem nicht so nahegeht, daß sie es für wichtig halten, lange darüber nachzudenken, ob ihnen ein geeigneter deutscher Ausdruck für *optische Telekommunikation* einfällt oder ob sie nicht lieber aufhören sollten, das Wort *Fußball* zu verwenden, weil das eine Lehnübersetzung aus dem Englischen ist, kann man auch nicht ohne weiteres absprechen, daß sie ihre Worte bewußt wählen und neue prägen, wie es ihren Ausdrucksbedürfnissen entspricht. Vielleicht sind nur die Wertvorstellungen, denen sie erlauben, dabei eine Rolle zu spielen, andere als die, die mit der Bewillkommnung oder Abweisung des Einflusses anderer Sprachen zu tun haben.

Babies statt Säuglinge

Zwar ist *Baby* schon ein gutes Jahrhundert im Deutschen heimisch, aber seine englische Abstammung kann es nicht verleugnen. In Engels Verdeutschungswörterbuch wird es deshalb als Engländerei gebrandmarkt. An seiner statt sollten u. a. *Kleinchen* und *Nesthäkchen* verwendet werden. Dessen ungeachtet ist allerdings *Baby* immer noch bei uns, ja, es erfreut sich sogar in gewissen Kreisen überaus großer Sympathie. Die kann trotz Engländerei oder ganz unabhängig davon aufgebracht werden, da *Baby* andere gute Eigenschaften hat. Aus unserer Zeit stammt die Forderung, *Säugling* zu bannen und an seiner Stelle *Baby* den Vorzug zu geben. Der Grund: *Säugling* ist männlich.

Neben diesem Vorschlag, der manchen feministischen Sprachkritikerinnen und Sprachkritikern zu weit geht, stehen viele andere Veränderungswünsche, die darauf zielen, die Ungleichbehandlung der Frau im allgemeinen Sprachgebrauch zu überwinden und eine gerechtere, weniger männerzentrierte Sprache zu schaffen, in der die Frau nicht nur mitgemeint, sondern auch im Ausdruck mitberücksichtigt wird. Vieles hat sich schon geändert, seit Anfang der siebziger Jahre der Kampf ums nicht-sexistische oder feministische Wort aus den USA in den deutschen Sprachraum importiert wurde. Insbesondere in der Schriftsprache wird das Verlangen nach Repräsentation der Frau von vielen Ämtern ernstgenommen. Zahlreiche Kommissionen auf kommunaler, Landes- und Bundesebene sind eingerichtet worden, um Richtlinien, Gesetzestexte, Geschäftsordnungen, Formulare für den Öffentlichkeitsverkehr und dergleichen so zu modifizieren, daß Frauen nicht maskuline Formen als unmarkiert und allgemein zu akzeptieren brauchen. Statt *Der Minister* heißt es etwa in Hessen als Amtsbezeichnung auf Briefköpfen etc. routinemäßig *Das Ministerium*. In Schleswig-Holstein alternieren *Der Ministerpräsident* und *Die Ministerpräsidentin*. Berlin hat *Senatsverwaltungen* statt früher *Senatoren*. Auf Formularen werden beide Geschlechter genannt, entweder durch Ausschreibung beider Bezeichnungen, *Schüler und Schülerinnen*, oder mittels Schrägstrich und Suffix, *Mitarbeiter/-innen*, *Bundeswahlleiter/-in*. Formulierungen wie »Antragsteller, die Anspruch auf Mutterschaftsurlaub haben, …« fallen heutzutage auf. Auch bei Titeln, Berufsbezeichnungen und Anredeformen hat sich der Sprachgebrauch als Folge feministischer Kampagnen merkbar verändert. Es gibt Ingenieurinnen, Polizistinnen, Pilotinnen, Amtfrauen etc., und die Professorin ist nicht mehr wie einst die Ehefrau des Professors. Das *Fräulein* hat praktisch seine Existenzberechtigung verloren, schon fünfzehnjährige Lehrlinge und Oberschülerinnen werden mit *Frau* angeredet. Eine weitere ins Auge springende deliberative Veränderung des Sprachgebrauchs ist der Versalbuchstabe I im Wortinnern, *PolitikerInnen*, durch den zum Ausdruck gebracht wird, daß von Männern und Frauen die Rede ist. Manche Periodika verwenden das große I systematisch als politisches Bekenntnis und um die Aufmerksamkeit darauf zu lenken, wie ungleich die Geschlechter in nicht gereinigtem Schrifttum gewöhnlich behandelt werden. Wie Schrägstriche und manche anderen Neuerungen entzieht sich diese Form allerdings der gesprochenen Darstellung, wenn man nicht gerade sagen will, »WortschmiedInnen, mit großem I«.

Ungelöste Probleme, wo das männliche Geschlecht sprachlich überrepräsentiert ist, gibt es noch in Hülle und Fülle, und oft liegen stilistisch akzeptable Lösungen nicht auf der Hand. *Redner- und Rednerinnenpult, Druckerinnenschwärze, Leserinnenbrief, Bürgerinnensteig, Führerinnenschein* wirken verkrampft. In manchen Fällen bieten sich einfache Alternativen an, *Redepult, Druckschwärze, Fahrausweis, Gehweg* oder, wer den Zorn der Puristen nicht fürchtet, *Trottoir*, aber nicht in allen. Unbequem und holperig ist die doppelte Geschlechternennung besonders im laufenden Text, wo Subjekte und Objekte immer wieder pronominal aufgenommen werden. »Der/die Bundeswahlleiter/in und sein(e)/ihr(e) Stellvertreter/-in werden vom Bundesminister des Innern/der Bundesministerin des Innern, die Landeswahlleiter/-innen, Kreiswahlleiter/-innen und Wahlvorsteher/-innen sowie ihre Stellvertreter/-innen von der Landesregierung oder der von ihr bestimmten Stelle ernannt.« (Bundeswahlgesetz II,9 [1] in durch doppelte Geschlechternennung modifizierter Form) Ein radikaler Vorschlag dazu, diese Schwierigkeit auszuräumen, beinhaltet die totale Feminisierung der Sprache, also die Ersetzung des Maskulinums durch das Femininum als Genus commune. »Nur 49% der Sprecherinnen des Deutschen sind männlichen Geschlechts«, müßte es danach heißen und »Deutsche im Sinne dieses Grundgesetzes ist vorbehaltlich anderweitiger gesetzlicher Regelungen, wer die deutsche Staatsangehörigkeit besitzt oder als Flüchtlingin oder Vertriebene deutscher Volkszugehörigkeit oder als deren Ehegattin oder Abkömmlingin in dem Gebiet des Deutschen Reiches nach dem Stande vom 31. Dezember 1937 Aufnahme gefunden hat.« (Grundgesetz für die Bundesrepublik Deutschland, Art. 116 [1], modifiziert)

Und

Eine Hündin kam in die Küche
Und stahl der Köchin ein Ei,
Da nahm die Köchin den Löffel
Und schlug die Hündin zu Brei.

Da kamen viele Hündinnen
Und gruben ihr ein Grab.
Sie setzten drauf einen Grabstein,
auf dem geschrieben stand …

Überzogen finden das manche, anderen ist es nicht genug. Immerhin ist es den feministischen Sprachreformer(Inne)n gelungen, bei der Benennung des Übels, das die amerikanischen Küsten regelmäßig in Form von Wirbelstürmen heimsucht, Geschlechterproporz durchzusetzen. Vom Wetteramt kriegen sie Namen in alphabetischer Reihenfolge, früher nur weibliche: Alexandra, Berta, Christa, Donna, etc., jetzt immer abwechselnd ein Männlein, ein Weiblein: Alex, Berta, Chris, Donna, etc. Außerdem gibt es wenigstens auf Englisch endlich eine politisch korrekte Bibel, in der nicht nur auf jede Assoziation des Schlechten mit links verzichtet wird, um die Linkshänder zu schonen, und vermieden wird, Juden »Juden« zu nennen, sondern auch von »unserem Vater und unserer Mutter im Himmel« die Rede ist, statt die höheren Sphären allein den *mcps (male chauvinist pigs)* zu überlassen. Daß nicht wenigstens zwei der vier Geschichtsbücher des Neuen Testaments in dieser Bibelversion weiblichen Autoren zugeschrieben werden – Johanna-Evangelium – ist allein darauf zurückzuführen, daß sich die Übersetzerinnen nicht einigen konnten, ob außer Gott eher Matthäus oder Lukas eine Geschlechtsumwandlung verdiente. Daß sie das mit dem *lieben Gott* so einfach mir nichts dir nichts gemacht haben, weckt allerdings Zweifel daran, daß es hier wirklich um Aufklärung geht. Wenn man schon an historischen Texten herumdoktert, könnte wenigstens eine wirklich aufklärende Formulierung gewählt werden, etwa in Anlehnung an Heinrich Böll: »Jenes höhere Wesen, das wir verehren, obwohl wir gar nicht wissen, ob es existiert.« Wenn *Gott* durch *Göttin* ersetzt wird, was ist damit gewonnen?

»Wir machen die Sprache« (Pusch 1992: 20), sagen die feministischen Sprachpflegerinnen selbstbewußt, und was sie bisher erreicht haben, gibt ihnen recht. Das ist der Punkt, auf den es hier für uns ankommt. Die Sprache wird gemacht, durch Akte der Formulierung und Entscheidungen für das bessere Wort. Sie wird gemacht von denen, die die Mittel dazu haben. Warum dann halbe Sachen machen? Die Hauptschwierigkeit, die einer Bereinigung der erbherrlichen Sprachpraxis im Wege steht, ist für das Deutsche, daß es nicht nur, wie Klopstock es leicht paradox formulierte, »eine fruchtschwere, freye, bildsame, mänliche, edle und vortrefliche« (Klopstock 1774/1975:89), sondern auch eine Genussprache ist, in der nämlich das grammatische Geschlecht bestimmte Funktionen erfüllt, zum Beispiel bei der Pronominalisierung und der Kongruenz von Substantiven und Adjektiven. Dieser Aspekt der deutschen Grammatik macht die Durchsetzung der totalen Feminisierung sehr unwahrscheinlich, denn ein ihr folgender Sprachgebrauch müßte eine große Zahl von Wörtern desselben Genus unterschiedlich behandeln, je nachdem, ob grammatisches und natürliches Geschlecht übereinstimmen oder nicht. Maskuline Wörter, die unbelebte Gegenstände bezeichnen, könnten verwendet werden wie bisher, solche, die sich auf Lebewesen, speziell Menschen, beziehen, nicht. (Was mit *Gott* werden soll, müßte die Theologinnen auf den Plan rufen, die sich statt mit der Frage, wieviele Engel auf einer Nadelspitze Platz haben, mit der beschäftigen können, was die primären und sekundären Geschlechtsmerkmale jenes höheren Wesens usw. sind.)

Eine weit einfachere, da konsistentere Lösung, als einen Teil der maskulinen Wörter zu diskriminieren, wäre freilich, das Genussystem radikal zu ändern bzw. abzuschaffen. Zwei Argumente dagegen sind, daß das Sprachsystem dadurch auf eine die Verständigung beeinträchtigende Weise in Unordnung geriete und daß eine solche Veränderung nicht realisierbar sei. Beide sind nicht stichhaltig. Bezüglich des ersten ist bekannt, daß man auch ohne Genus leben kann, wie zum Beispiel das Englische ganz gut beweist. Zweitens wissen wir, daß Sprachen ständig neuen Kommunikationsbedürfnissen angepaßt werden und daß die dadurch erforderlichen Veränderungen nicht unbedingt vor systematischen oder den Sprachtyp kennzeichnenden Eigenschaften haltmachen. So hat z.B. Ridruejo (1988) gezeigt, daß morphosyntaktische Veränderungen in der Sprache durchaus intentionalen Charakter haben können. Warum also das Genus als solches respektieren und nur am Gebrauch einzelner Wörter herumtüfteln? Sich auf zwei statt der hergebrachten drei Genera zu beschränken und lediglich zwischen belebten und unbelebten Dingen zu unterscheiden, würde auf einen Schlag alle Probleme des generischen Maskulinums aus der Welt schaffen. Statt *der Vater, die Väter, die Mutter, die Mütter* etc. hieße es dann etwa *de Vater, de Väter, de Mutter, de Mütter* etc., aber *das Auto, das Tisch, das Uhr, de Patron* aber *das Patrone* etc. Statt *der, des, dem, den* und *die, der* gäbe es sehr elegant und ökonomisch nur noch die eine Form *de*, im Singular und im Plural. Kaum weniger chancenlos wäre diese Lösung als die totale Feminisierung mit dem Femininum als Genus commune. Vielleicht hätte sie sogar eine bessere Chance, da durch sie ja die Frage, ob das Genus commune von Männern oder Frauen beherrscht werden soll bzw. wird, vom Kampf der Geschlechter abgekoppelt würde, da nur noch zwischen geschlechthabenden und geschlechtslosen Wesen unterschieden würde.

Nehmen wir nun den unwahrscheinlichen Fall an, daß es einer pressure group gelänge, einen erheblichen Teil der Sprachgemeinschaft für eine Sprachreform in diesem Sinne zu mobilisieren, dann könnten wir sie nur ermuntern, noch ein kleines Schrittchen weiterzugehen. Wer sagt, *de Vater, de Mutter, de Fußballer, de Violinistin* etc., spricht praktisch schon Niederländisch mit deutschem Akzent. Warum dann nicht ganz auf Niederländisch umstellen, das ja ebenso wie Deutsch ein westgermanischer Dialekt ist (s. Kap. II), nur eben den Vorzug einer einfacheren Morphologie mit lediglich zwei Genera hat! Das sei haarsträubend unrealistisch? Kaum, denn so wie Menschen entscheiden, ob sie *frau* in der Bedeutung von »man« über die Lippen bzw. in die Tasten kriegen, entscheiden sie in manchen Fällen auch, welche Sprache sie sprechen wollen und wie die aussehen soll. Argumente für die Übernahme des Niederländischen im deutschen Sprachraum gibt es viele: Der Lernaufwand wäre gering, besonders in Norddeutschland. Ein Beitrag zur Verbesserung der nachbarschaftlichen Beziehungen in Europa würde geleistet, denn Niederländer und Flamen müßten darin einen Ausdruck der Zuneigung erkennen. Eine Entwicklung, für die andere mehrere Jahrhunderte brauchten, könnte innerhalb einer Generation nachvollzogen werden. Und, *last but not least*, der sprachliche Sexismus würde ein ganzes Stück zurückgedrängt. Erstaunlicherweise ist diese Variante zur Beseitigung des misogynen Sprachelends in der feministischen Sprachkritik bisher wenig Beachtung geschenkt worden.

Afrikaans, Shona, Bosnisch und andere Neuerscheinungen des zwanzigsten Jahrhunderts

Der Einwand, die Ersetzung der deutschen durch eine andere Mundart in Deutschland sei ein unwahrscheinliches Szenario, mag gelten, der, so etwas sei aus prinzipiellen Gründen unmöglich, nicht. Voluntaristische Aspekte der Sprachverwendung und der Sprachenexistenz offenbaren sich manifest an Beispielen anderer Sprachgemeinschaften, zum Beispiel der Buren, der Holländer in Südafrika.

Afrikaans. Von der Mitte des 17. bis Anfang des 19. Jahrhunderts hatten die Niederlande eine Kolonie am Kap der Guten Hoffnung, die 1806 unter britische Herrschaft kam. Im Laufe des 19. Jahrhunderts begannen die Buren sich als *Afrikaners* zu verstehen und zu bezeichnen. Sie gründeten die »Genootskap van Regte Afrikaners« (die Gesellschaft der aufrechten Afrikaner, G.R.A.). Zu ihren vornehmsten Aufgaben erklärte die G.R.A. von Anfang an »die Verteidigung unserer Sprache, unserer Nation und unseres Landes«. Verteidigt werden mußte all dies gegen die Briten bzw. gegen das Englische. Die Sprache, um die es dabei ging, daran bestand kein Zweifel, hatte sich vom Niederländischen, wie es in Holland gesprochen und geschrieben wurde, weit entfernt. Seit der Ankunft der ersten Kolonisten am Kap wurden die von ihnen mitgebrachten Dialekte abseits von dem sich entwickelnden niederländischen Standard durch die Generationen weitergegeben. Die Buren waren in Afrika heimisch geworden und hatten ihre Sprache den dortigen Lebensverhältnissen angepaßt, wobei sie Einflüsse vom Portugiesischen sowie verschiedener afrikanischer Sprachen, insbesondere der Khoikhoi-Familie, aufgenommen hatten. Assimilierte Siedler deutscher und französischer Abkunft taten ein übriges, um das Idiom durch ihre vereinfachende, um nicht zu sagen: imperfekte Übernahme desselben zu beeinflussen. Als eigene Sprache war diese Variante freilich nicht anerkannt; als Medium des Schrifttums diente weiterhin Niederländisch.

Die G.R.A. begann deshalb in den letzten beiden Jahrzehnten des 19. Jahrhunderts, die kapholländische Umgangssprache *Afrikaans* zu nennen und schriftlich zu verwenden, zuerst in ihrer Zeitung *Di Afrikaanse Patriot*. Afrikaans sollte durch die Überwindung des Stigmas der nur mündlichen Existenzform zu einer vollgültigen Sprache ausgebaut werden. Anfänglichen Widerständen gegen die Aufgabe der niederländischen Norm zum Trotz, nahmen die Veröffentlichungen auf afrikaans kontinuierlich zu: neben der Zeitung und später der Zeitschrift *Ons Klyntji* (Unsere Kleine) literarische Werke, oft zu nationalen und nationalistischen Themen, und eine Geschichte Südafrikas. 1909 wurde mit der Gründung der Südafrikanischen Akademie ein weiterer wichtiger Schritt gemacht. Sie ist seither der institutionelle Garant des linguistischen Selbstbestimmungsanspruchs der Afrikaaner, den sie mit viel Engagement zu verwirklichen half. Zwar hat die Akademie nicht jede lexikalische und morphosyntaktische Einzelheit, die Afrikaans von Niederländisch unterscheidet, geschaffen, aber der Beschluß zur sprachlichen Sezession wurde bewußt gefällt und durchgeführt. Was vormals als Abweichung vom Standard galt, wurde zu einem Standard eigenen Rechts erhoben. Vier Aufgaben sind es vor allem, denen sich die Akademie widmet: Standardisierung der Rechtschreibung, Reinigung des Afrikaans von Anglizismen, Abgrenzung vom Niederländischen und die Entwicklung von Fachterminologien. 1925 war das Ziel erreicht, Afrikaans wurde der Status einer offiziellen Sprache Südafrikas zuerkannt. Heute wird es von seinen Sprechern wie auch von den anderen Sprachgruppen Südafrikas ohne Einschränkung als eigenständige Sprache begriffen. Ohne die gezielte Spracharbeit der aufrechten Afrikaaner wäre es eine solche nicht.

Niederländer könnten Afrikaans, wenn sie wollten, als einen

ihnen größtenteils verständlichen Dialekt ihrer eigenen Sprache betrachten. Dennoch sind die Differenzen beträchtlich genug, die kategoriale Unterscheidung zu rechtfertigen. Die Morphologie ist wesentlich vereinfacht. Auffällig sind etwa das Fehlen eines Genusunterschieds beim Substantiv, die weitgehende Reduktion der Verbkonjugation, die Beschränkung auf einen bestimmten Artikel und die fast völlige Aufgabe aller unregelmäßigen Formen. Im Bereich des Lexikons finden sich zahlreiche abgeschliffene Wortformen wie *wa* von nld. *wagen* »Wagen«, *aand* (< *avond*) »Abend«, *oë* (< *ogen*) »Augen«, *ty* (< *tijd*) »Zeit«, *hê* (< *hebben*) »haben«, *lê* (< *liggen, leggen*) »liegen, legen«. Ein wichtiges syntaktisches Merkmal des Afrikaans ist die im Niederländischen nicht gebräuchliche doppelte Negation. Zum Beispiel: Daar is nie 'n sekonde in die individu, groep of gemeenskap se lewe waartydens daar *nie* intiem met taal omgegaan word *nie*. (Im Leben von Individuen, Gruppen und Gesellschaften gibt es keine Sekunde, wo nicht mit Sprache nicht umgegangen wird.)

Afrikaans		Niederländisch	Deutsch
ek		ik heb	ich habe
jy		jij hebt	du hast
hy/sy	het	hij/zij heeft, hebt	er/sie hat
ons		wij hebben	wir haben
julle		jullie hebben/hebt	ihr habt
		u hebt/heeft	
hulle		zij hebben	sie/Sie haben

Angesichts solcher Differenzen in Lexikon und Grammatik überrascht es nicht, daß Niederländer geschriebenes und gesprochenes Afrikaans als deutlich anders, nicht niederländisch empfinden. In der eigenen wie in der relevanten Fremdbeurteilung steht Afrikaans somit heute als Sprache da, die von ihren Sprechern in Südafrika durch Abkehrung von einer Norm, die nicht mehr die ihre war, geschaffen wurde.

* * *

Schona. Im benachbarten Rhodesien, heute Simbabwe, entstand ebenfalls Anfang des Jahrhunderts das Bedürfnis nach einer neuen Sprache. Die soziale und wirtschaftliche Entwicklung der britischen Kolonie verlangte danach. 1929 gab die Regierung eine Studie in Auftrag, die die Möglichkeit der Vereinigung einer Reihe bis dahin nicht unter einem gemeinsamen Namen bekannter Dialekte zu einer Schriftsprache prüfen sollte. Der Bantuist Clement Martyn Doke, der die Untersuchung leitete, unterschied die folgenden sechs Hauptdialekte: Korekore, Zezuru, Karanga, Manyika, Nadau und Kalanga, weitgehend auf der Basis der Selbstidentifikation der Sprecher. Seiner Empfehlung folgend wurden der Standardgrammatik die zentralen Dialekte Karanga und Zezuru zugrundegelegt, deren letzterer vor allem in der Hauptstadt Harare (damals Fort Salisbury) gesprochen wird. Auch Lexikographen nahmen die Arbeit auf, und 1959 wurde schließlich das »Standard Shona Dictionary« vorgelegt, das auch Wortgut der anderen Dialekte berücksichtigt. Eine einheitliche Orthographie war bereits 1932 vorgelegt worden, die sich jedoch als modifikationsbedürftig erwies. 1967 verlieh die Regierung Südrhodesiens einer neuen Version offiziellen Status.

Der Name *Schona* geht vermutlich auf eine Fremdbenennung zurück. Nicht alle Sprecher bekennen sich zu ihm, manche ziehen es weiterhin vor, sich als *Zezuru, Manyika, Nadau* usw. zu bezeichnen. Dessenungeachtet war die Etablierung von Standardschona außerordentlich erfolgreich. Gegen die starke Konkurrenz des Englischen »wurde [es] de facto zur wichtigsten nationalen Sprache des Landes, die im Alltagsleben der afrikanischen Bevölkerung die eindeutig dominierende Rolle spielt« (Brauner 1994:167). Entscheidend dazu beigetragen hat die intellektuelle Elite, die die neue Sprache konsequent in Presse, Radio und Literatur benutzt, und ihr so zunehmend Stabilität und das nötige Prestige verliehen hat. Der schriftliche Standard ist heute allgemein akzeptiert. Obwohl er die gesprochenen Dialekte nicht verdrängt hat, stellt er ein Gravitationszentrum dar, das ein weiteres Auseinanderstreben der Dialekte verhindert und langfristig ihrer Nivellierung Vorschub leisten wird. Im Laufe eines halben

Jahrhunderts ist so durch gezielte Manipulation eine Sprachsituation tiefgreifend verändert worden. Aus einem diffusen Kontinuum unverbundener Dialekte wurde eine Standardsprache mit von ihr überdachten Dialekten.

* * *

Bosnisch. Wer spricht Bosnisch? Anders formuliert, wieviele südslawische Sprachen gibt es und welche? Für Slawisten bestand der südliche Zweig der slawischen Sprachfamilie bis unlängst aus vier Sprachen: Bulgarisch, Mazedonisch, Serbo-Kroatisch und Slovenisch. Wenn diejenigen, die diese Sprachen sprechen, ein Wörtchen mitzureden haben, sieht die Situation neuerdings anders aus. Bulgarisch, Mazedonisch und Slovenisch sind, was sie waren, wobei nicht vergessen werden soll, daß Mazedonisch erst seit 1944 als Sprache anerkannt ist; beim Serbo-Kroatischen aber tut sich etwas. Als wichtigste Sprache des ehemaligen Jugoslawien hatte seine Benennung, selbst ohne Bindestrich, »Serbokroatisch«, einen Sinn, denn seit dem 19. Jahrhundert wurde aktiv an der Ausbildung einer serbokroatischen Standardsprache gearbeitet, mit gewissem Erfolg. Ihre beiden wichtigsten Formen unterscheiden sich am auffälligsten im Schriftbild: Die westliche, im ijekavischen Dialektgebiet mit Zagreb als Zentrum gesprochene Form bedient sich des lateinischen Alphabets, während die östliche Form des ekavischen Dialektgebiets mit dem Zentrum Belgrad vorwiegend kyrillisch geschrieben wird. Die Orthographie ist dennoch einheitlich, da zwischen beiden Alphabeten im Gebrauch eine in beiden Richtungen eindeutige Abbildungsrelation hergestellt worden ist. Bosnien und die Herzegovina mit Sarajevo als Zentrum liegen im ijekavischen Gebiet. Der standardsprachliche Ausdruck dort weist jedoch Eigentümlichkeiten sowohl der westlichen als auch der östlichen Form auf. Außerdem sind beide Schriften in Gebrauch. (Bis 1918 wurde die Sprache auch in arabischen Lettern geschrieben, was dann im südslawischen Königreich verboten wurde.)

Außer der Schrift sind die meisten Differenzen zwischen den verschiedenen Formen eher gradueller als kategorialer Art. Sie behindern die Kommunikation nicht. Für die meisten Sprecher war Serbo-Kroatisch in Jugoslawien *eine* Sprache mit Varianten. Ein indirekter Hinweis darauf ist die Bezeichnung »Jugoslawisch« für die Sprache, die in Jugoslawien zwar niemals gebräuchlich war, von Jugoslawen im Ausland, z. B. Gastarbeitern in Deutschland, aber zur Eigenidentifikation gegenüber anderen verwendet wurde. Seit dem Auseinanderfallen Jugoslawiens spricht plötzlich niemand mehr Jugoslawisch. Demgegenüber sprechen die Leute Kroatisch, die westliche Form, Serbisch, die östliche Form, und eben auch Bosnisch. Wer spricht schon gern die Sprache seiner Feinde! Die Frage, die sich nun stellt, ist, ob die Benennung lediglich symbolische Qualität hat und am linguistischen status quo nichts ändert, oder ob die politische Kluft, die zwischen den einzelnen Gruppen, den Serben, Kroaten und Bosniern bzw. Herzegovinern, aufgebrochen ist, sprachliche Divergenz nach sich ziehen wird.

Offiziell hat Serbo-Kroatisch aufgehört zu existieren. Seine Totengräber sind die selben, die dem ehemaligen jugoslawischen Staat das Grab geschaufelt haben. Was aber ist die Hinterlassenschaft? Werden Kroatisch und Serbisch als zwei auseinanderstrebende südslawische Standardsprachen etabliert werden? Und was wird aus Bosnisch, der Variante, in der östliche und westliche Formen weniger in Opposition standen als koexistierten? Für eine Bestandsaufnahme des sprachlichen Erbes Jugoslawiens, die Extrapolationen in die Zukunft erlaubt, ist noch nicht genug Zeit verflossen. Deutlich aber ist, wie der Slawist Ranko Bugarski (1995) dargestellt hat, daß allseits mit großem Eifer daran gearbeitet wird, die Divergenz der Varietäten voranzutreiben. Die kroatische Regierung versucht, die Sprache mit einem ehrgeizigen Reformprogramm so umzuformen, daß sie sich von den anderen Varietäten immer mehr unterscheidet. Kroatische Archaismen werden im Sinne eines Abgrenzungspurismus wiedereingeführt, Neologismen ohne Absprache mit den anderen Gruppen gebildet, Terminologien aller Fachgebiete von internationalen zu kroatischen Formen umorientiert. Gleichzeitig ist das kyrillische Alphabet in Rest-Jugoslawien für Serbisch, wie die Sprache dort nun offiziell heißt, zum einzig verbindlichen gemacht worden. Ortsnamen, denen kroatische oder muslimische Assoziationen anhaften, sind geändert worden. Und von denen, die dem neuerwachten serbischen Nationalismus ihre Stimme leihen, wird die ekavische Aussprache favorisiert. Für Bosnisch schließlich wird ebenfalls eine eigene Identität beansprucht, die mit neuen Rechtschreibregeln hervorgehoben werden soll. Neue Wörterbücher betonen die arabische und türkische Komponente des Wortschatzes.

What's in a name? Serbo-Croation by any other name would ... Nein, denn Sprachen sind im Gegensatz zu dem, was die Liebhaber der gegenwärtig so populären biologischen Metapher glauben (i. e. Sprachenvielfalt gleich Artenvielfalt), keine Rosen oder sonstigen Pflänzchen, die dem Garten Eden entsprungen oder durch natürliche Evolution entstanden sind. Allein durch einen Namen werden sie zwar nicht geschaffen, aber die Benennung ist ein nicht zu unterschätzender Bestandteil des komplexen Prozesses ihrer Erschaffung durch die, die sie sprechen. »Bosnisch«, »Kroatisch« und »Serbisch« sind Namen, die einen Anspruch auf sprachliche Autonomie signalisieren, genauso wie vor nicht langer Zeit »Afrikaans«. Ein Name, sofern er akzeptiert wird, kann als Katalysator wirken und dem Bewußtsein Vorschub leisten, daß eine Ausdrucksform sich hinlänglich von anderen unterscheidet, um als Sprache betrachtet werden zu können. Ebenso kann ein gemeinsamer Name das Bewußtsein fördern, ein und dieselbe Sprache bzw. Formen ein und desselben Idioms zu sprechen, selbst wenn andere Indikatoren dafür relativ schwach sind.

Das Auge des Betrachters

Ob ein gezielter Eingriff in das Sprachleben einer Gesellschaft das gewünschte Ergebnis erbringt, hängt von vielen, im engeren Sinne sprachlichen, und gesellschaftlichen Faktoren ab. Normative Einstellungen zum besseren Wort entstehen nicht von selbst, und nicht jeder Versuch, solche durchzusetzen, gelingt. Einige der vielfältigen Gründe, eine Ausdrucksform anderen vorzuziehen, sind hier zur Sprache gekommen. Sind sie für eine hinlängliche Anzahl von Sprechern überzeugend genug, kann das Eintreten für sie tiefgreifenden Einfluß darauf haben, wie sich die Sprache entwickelt. Sprachentwicklung, so gesehen, ist ein Machen mehr als ein Werden. Menschen schaffen sich ihre kommunikativen Ressourcen selber, indem sie aus dem Überkommenen auswählen und Neues hinzufügen. Vom besseren Wort zur besseren Sprache ist dabei kein Quantensprung, sondern ein gradueller Unterschied. Die Durchsetzung des Femininums als Genus commune im Deutschen wäre gewiß keine weniger drastische Veränderung als die Aufmöbelung des Kroatischen zu einer Sprache, die man nicht mehr mit dem Serbischen verwechseln kann.

Aber nicht zufällig wird es nicht zur totalen Feminisierung des Deutschen kommen, wenden nun diejenigen ein, die Sprachwandel nicht als deliberative Sprachwahl sondern als naturwüchsigen bzw. systemimmanenten Prozeß begreifen. Nicht zu allem gibt sich die Sprache her. Allein, wenn wir uns betrachten, was alles durch bewußte Eingriffe möglich ist, wie sehr nicht nur Normen sondern auch das Normbewußtsein der Sprecher beeinflußbar sind, erhärten sich die Zweifel daran, ob sich die Sprache überhaupt zu irgendetwas hergibt oder etwas (nicht) zuläßt. Es sind die Sprecher, die das tun oder nicht tun. Die Sprache sei träge, konservativ, heißt es oft, das System übe einen Zwang aus. Gewiß, manche Veränderungen sind wahrscheinlicher als andere. Die Aufgabe einer unregelmäßigen Verbform überrascht uns weniger als die Einführung einer solchen. Aber die Neigung, das eine oder das andere zu tun, der Trägheit nachzugeben oder nicht, liegt in den Sprechern, nicht in der Sprache. Dem Sprachwandel wirken Kräfte entgegen, aber das sind nicht die Systemzwänge der Sprache, sondern die Zwecke, die die Sprecher verfolgen. Verständigung ist einer, Abgrenzung ein anderer. Beide können gegeneinander wirken. Verständigung mit den Nachbarn steht nicht unbedingt obenan auf der Liste der Prioritäten, ja sie zu erschweren, ist manchmal Hauptziel absichtsvoller Sprachveränderung. Dabei darf jedoch die Verständigung innerhalb der eigenen Gruppe nicht gefährdet werden. Die Kroaten, die nicht mehr von ihren serbischen Vettern verstanden werden wollen, legen immer noch Wert darauf, sich mit ihren Eltern und Großeltern zu unterhalten. Zu drastischer Wandel wird dadurch verhindert.

Dennoch, weit über die Lancierung einzelner Wörter hinausgehende, sprachkonstituierende Eingriffe sind unter sehr unterschiedlichen Bedingungen möglich. Die stellvertretend für andere vorgestellten Beispiele illustrieren drei sehr verschiedene Szenarios: Eine divergente Entwicklung, die, unterstützt durch geographische und politische Trennung, zur sprachlichen Autonomie des Afrikaans geführt hat; eine konvergente Entwicklung, die innerhalb einer politisch-administrativen Verwaltungseinheit die Schaffung von Schona als einer neuen Standardsprache auf der Grundlage geographisch benachbarter Varietäten erlaubte; und schließlich die politisch motivierte Umkehrung einer konvergenten in eine divergente Entwicklung mit der Aufgabe des gemeinsamen serbo-kroatischen Standards und dessen Ersetzung durch drei auseinanderstrebende Varietäten, die nach dem Willen eines relevanten Teils ihrer Sprachgemeinschaften als eigenständige Sprachen anerkannt werden sollen.

Alle diese Beispiele sind jüngsten Datums und deshalb gut dokumentiert. Anders als der Ursprung des Chinesischen liegt der des Afrikaans nicht im Dunkeln. Die Buren hätten zweifellos fortfahren können, die niederländische Norm zu akzeptieren und schriftlich zu benutzen und ihre gesprochene Sprache als Abweichung von dieser Norm zu betrachten. Wie dargestellt, entschieden sie sich aber dafür, Afrikaans zur vollgültigen Sprache auszubauen. Ein einziger Standard für sechs Dialekte, aus denen Schona gespeist wird, oder die Standardisierung von sechs (fünf, vier …) Dialekten, das ist eine Frage der Entscheidung und der Planung. Und daß bei der Verteilung des serbo-kroatischen Erbes Präferenzen, Pläne und Macht eine entscheidende

Rolle spielen, ist für jeden Beobachter der jüngsten Balkanwirren unübersehbar.

Ist diese Art intentionaler Ausdruckswahl erst durch die Entzauberung der Welt möglich geworden, durch die Rationalisierung der Gesellschaft, die nach einer einheitlichen Sprache für die Verwaltung, das Recht, das Geschäftemachen verlangt? Das anzunehmen, hieße, die Imagination als sprachschöpferische Kraft in früheren Zeiten unterschätzen. In die Diffusität sprachlicher Varietäten Linien zu ziehen, verlangt in jedem Fall einen Entwurf und absichtsvolle Handlungen für seine Realisierung. So ist das diesem Kapitel vorangestellte Zitat zu verstehen. Aus dem Kontinuum der romanischen Ausdrucksformen des Mittelalters entstanden die romanischen Sprachen nicht ohne Zutun der Sprecher, insbesondere ihrer gelehrten Repräsentanten. Für manche läßt der Prozeß der Ausdifferenzierung der romanischen Sprachen noch Raum für Aufsteiger. Dolomitenladinisch wird von einer Sprachbewegung gefördert; daß Korsisch eine Sprache ist, muß von offiziellen französischen Stellen verneint werden, und manche Sprecher des Dialekts von Valencia streben nach Unabhängigkeit vom Katalanischen, um nur drei Beispiele zu nennen.

Die Antwort auf die Frage, ob spanische Texte aus dem elften Jahrhundert barbarisches Latein waren oder geschriebenes Romanisch, liegt zu einem guten Teil im Auge des Betrachters, und die Betrachter jener Zeit waren nicht alle miteinander einig. Heute sehen wir eine Parallele in der Beurteilung des valencianischen Idioms als periphere Varietät des Katalanischen einerseits (in Barcelona) und respektable bzw. kodierenswerte Sprache andererseits (in Valencia). Das Auge des Betrachters spielt eine große Rolle, und aus seiner Perspektive werden Entscheidungen getroffen und solche Fragen beantwortet. Viele Sprachgemeinschaften bzw. Staaten haben dem Auge des offiziellen Betrachters institutionellen Rückhalt gegeben, in Form von Sprachakademien und Forschungsinstituten, mehr als 180 in aller Welt. In unterschiedlichen Graden normativer Stringenz stellen und legen sie fest, wo eine Sprache beginnt und aufhört. Sie beobachten, lenken und planen ihre Entwicklung. Das bessere Wort und die bessere Sprache werden von ihnen als solche auserkoren. Zu den Autoritäten, auf die sie sich dabei berufen, gehören, seit es solche Institutionen gibt, die Schriftsteller. Auch sie wählen ihre Worte und die Sprache ihres Ausdrucks.

V

SPRACHMEISTER:
AUTOREN WÄHLEN IHRE SPRACHE

Wie dürftig ist die Sprache doch für meinen
Gedanken, und er selbst, mit dem verglichen,
was ich geschaut, wie ist er mehr als winzig.

Dante

Sprache der Kunst

In seiner Dankesrede zur Verleihung des Friedenspreises des Deutschen Buchhandels 1994 kam Jorge Semprún darauf zu sprechen, daß Paul Celan seine *Todesfuge* auf deutsch geschrieben hat. »Celan«, sagte er, »ein rumänischer Dichter, hat das Vaterland der deutschen Sprache gewählt, und in ihr hat er die Universalität seines Sprachvermögens, seiner Poesie gegründet.« Celan, das Urteil der Interpreten ist einhellig, hatte ein herausragendes Sprachgefühl. Ein Meister der lyrischen Wortkunst, hat er der deutschen Sprache ihr Geheimnis abgelauscht in einer Innigkeit und Raffinesse, wie es nur kann, wer sie mit den elementarsten Empfindungen auf dem Schoße der Mutter erworben hat. Das hat er aber nicht. Celan, 1920 als Paul Antschel geboren, stammte aus dem vielsprachigen Milieu von Tschernowitz, dessen sprachlicher Alltag durch das Nebeneinander von Rumänisch, Ukrainisch, Deutsch und Jiddisch gekennzeichnet war. Er absolvierte das rumänische Staatsgymnasium, beschäftigte sich schon früh mit Übersetzungen und schrieb während des Krieges Gedichte in rumänischer Sprache. Auch Französisch lernte er in jungen Jahren, die Sprache des letzten Landes seiner Wahl. Sein poetisches Werk aber gründete er, wie zitiert, in der deutschen

Sprache. Er wählte die Sprache seines Dichtens – eine Ausnahme?

Eine Ausnahme war Celan sicher in vieler Hinsicht; in dieser nicht. Viele Dichter von Rang haben die Sprache ihrer Kunst gewählt. Unter denen, die um das rechte Wort bemüht sind, kommt diesen Sprachmeistern besondere Bedeutung zu; denn die Wahl, die sie treffen, ist oft auch für andere folgenreich. Mehr als andere formen sie das Instrument, dessen sie sich bedienen. Sie exemplifizieren den Einfluß des einzelnen auf die Ausformung einer Sprache. Die Sprache der Kunst ist künstlich, auch wenn sie vorgeblich »dem Volk aufs Maul schauend« artikuliert wird. Die Sprachmeister verleihen Ideen Ausdruck, aber sie geben auch der Sprache Form. Nicht von ungefähr werden ihnen sprachschöpferische Fähigkeiten zugute gehalten, werden sie als Begründer sprachlicher Traditionen gefeiert. Gewiß, ein einzelner schafft keine Sprache, aber der einzelne kann Zeichen setzen. Mit ihrem Gesang skandieren die Poeten den sprachlichen Wandel, und das ist nicht nur der Wandel einer als solche begriffenen Sprache, sondern auch und oft ein Wandel in der Wahl aus den sprachlichen Ressourcen, die einer Gemeinschaft zur Verfügung stehen.

Den Wandel markieren

Denken wir an Dante Alighieri. Neben, für manche vor den beiden anderen großen florentiner Sprachmeistern des *Trecento*, Petrarca und Boccaccio, schuf er durch die Erhebung des toskanischen Idioms zur Literatursprache eine neue Leserschaft, eine italienische Sprachgemeinschaft. Das obige Zitat aus seinem Meisterwerk, der »Divina Commedia«, zeugt davon, daß ihm das nicht zuflog, daß er die Sprache, die ihm zu Gebote stand, vielmehr immer wieder als unzulänglich erfuhr. Die von ihm als *volgare illustre* bezeichnete »edle Volkssprache« mußte dem detaillierten Ausdruck komplexer Erfahrungen und Vorstellungen erst angepaßt werden. Nicht sie leitete den Gedanken, letzterer ging ihr voraus und immer ein Stück weiter, als sie reichte. Dante verschrieb sich dieser Aufgabe und entledigte sich ihrer mit seinem großen Epos, dessen Ruhm bis heute andauert. Es war, mit Semprún zu reden, so bemerkenswert nicht nur wegen der Universalität seines Sprachvermögens, sondern auch und mehr noch wegen des Idioms, in das er es gründete.

Die Wahl, die Dante traf, war nicht selbstverständlich. Zu Beginn des 14. Jahrhunderts herrschte in den italischen Ländern als Literatursprache Latein und, auf regionale Verbreitung beschränkt, Französisch und Provenzalisch. Auf französisch diktierte z. B. Marco Polo den Bericht über seine Reisen in den Fernen Osten, und auch Dantes Lehrer, Brunetto Latini, bediente sich der französischen Sprache in seinen encyclopädischen *Livres dou Tresor*. In dem sprachplanerischen Traktat »De vulgari eloquentia« formulierte Dante sein Programm für den Ausbau der Volkssprache zur Literaturfähigkeit, auf lateinisch. Er war sich genau bewußt, worum es ging. Latein hatte zwar universelle Gültigkeit, war aber von der Sprache des Volkes durch einen weiten Graben getrennt und deshalb nur der Elite geläufig. Letztere wiederum war in ihrer großen Variabilität so lokal gebunden, daß sich mit ihr ein breites Publikum nicht erreichen ließ. In Bologna, bemerkte er, sprach man selbst im Stadtteil San Felice anders als an der Hauptstraße. So kleinkariert war die Sprache. Dennoch entschied sich Dante für das *volgare* als Medium seiner höchsten Kunst, wohlwissend, daß es um mehr ging als darum, zwischen zwei ebenbürtigen Kandidaten zu wählen. Daß diese Entscheidung für ihn ein Problem war, wissen wir von Boccaccio (1987: Kap. 26), der selbst auch in zwei Sprachen zu uns spricht: lateinische Studien über das Altertum, italienische Dichtung. Dante habe die Göttliche Komödie lateinisch in Hexametern begonnen, teilt er mit, habe sich dann aber für die Volkssprache entschlossen, um breitere Kreise anzusprechen und weil er den Stern des Lateinischen sinken sah. Um seinen hohen poetischen Ansprüchen gerecht zu werden, ging er freilich über die Ausdrucksmöglichkeiten der Volkssprache weit hinaus, was ihm seine lateinische Bildung erlaubte. Wo das *volgare* nicht nuanciert genug oder zu grob war, griff Dante auf die lateinische Literatur zurück, die Sprache Vergils vor allem, Horaz und anderer Klassiker, als deren Erbe er sich sah. Die klassische Sprache als Steinbruch für die Bereicherung der Gegenwartssprache ausbeuten, nach diesem Prinzip wurde später auch in den anderen europäischen Sprachen verfahren.

Dante schuf nicht die italienische Sprache, aber er hat Hand angelegt. Durch seine Entscheidung für das *volgare* markierte er eine wichtige Veränderung im sprachlichen Repertoire Italiens. Indem er die vom Mittellateinischen weit abgerückte Sprache von Florenz poetisch legitimierte und gleichzeitig der Notwendigkeit, sie auszubauen und zu kodifizieren Rechnung trug, legte er den Grundstein zur Etablierung des toskanischen Idioms als italienischer Schriftsprache. Eineinhalb Jahrhunderte später wurde die so eingeleitete Entwicklung durch die Gründung der *Accademia della Crusca*, der ersten europäischen Sprachakademie, in Florenz (1583) sanktioniert.

* * *

Oder Geoffrey Chaucer. »Den ehrwürdigen Vater und ersten Gründer und Verschönerer der ausgeschmückten Sprachkunst unseres Englisch«, nannte ihn respektvoll William Caxton, Englands erster Drucker, der von Berufs wegen ein Interesse an einer wohlgeregelten und weitreichenden Sprache hatte. Wie Dante zwei Generationen vor ihm, mußte Chaucer (1346–1400) entscheiden, in welcher Sprache er sich poetisch äußern wollte. Unter dem Eindruck von Boccaccios *Dekameron* schrieb der weitgereiste Dichter, der in diplomatischer Mission in Frankreich und Italien war, seine *Canterbury Tales* 1393 in der Volkssprache, Englisch. Zu seiner Zeit, als die höfische Kultur trotz des hundertjährigen Krieges zwischen England und Frankreich noch die Domäne des Französischen war, wäre dafür auch das anglo-normannische Französisch oder Latein in Frage gekommen. Von den drei Hauptwerken seines Freundes John Gower war nur das letzte auf englisch, die beiden anderen aber auf französisch bzw. lateinisch geschrieben. Auch Chaucer beherrschte diese drei Sprachen; Mehrsprachigkeit war die Normalität unter den Gebildeten des normannischen England.

Insofern als Chaucer sich für die Volkssprache entschied, ähnelt seine Wahl der Dantes, aber sie unterscheidet sich auch davon. Die andere Qualität liegt in den betroffenen Sprachen. Bei Dante handelte es sich um die Entscheidung für die zeitgemäße Form eines Idioms, die manche bereit sind, als Verlängerung der klassischen Sprache zu betrachten, gegen die er sich entschied, die aber aus dieser Sicht noch heute in Italien gesprochen wird: Lateinisch. Chaucer hingegen hatte es mit Sprachen zu tun, zwischen denen für ihn und seine Zeitgenossen kein Zusammenhang bestand, Englisch und Französisch bzw. Lateinisch. Hatte seine Zweisprachigkeit deshalb auch eine andere Qualität als die Dantes? Etwas schon, aber die Ähnlichkeiten überwiegen. Der auffälligste Unterschied zwischen den Idiomen, die für die Dichtung in Frage kamen, war in beiden Fällen derselbe. Auf der einen Seite stand die universelle, dank langer Schrifttradition allgemein respektierte und durch metasprachliche Reflexion reglementierte Sprache der Literatur, und auf der anderen Seite die unordentliche, durch keine kodifizierten Regeln domestizierte Sprache des Volkes. Was letzterer vor allem fehlte, war ein Gerüst, ein Standard grammatischer und stilistischer Richtlinien, die der Unbeständigkeit regionaler und individueller Ausdruckspräferenzen Grenzen setzten. Chaucer stand weder eine englische Grammatik noch ein englisches Wörterbuch zur Verfügung. Deshalb war seine Entscheidung so bedeutsam. Er schuf einen Bezugspunkt, an den andere Schriftsteller anknüpfen konnten.

In den dreihundert Jahren seit der Ankunft der Normannen, 1066, hatte sich die englische Sprache drastisch verändert, aber da sie gleichzeitig vom anglo-normannischen Französisch als Sprache der Macht aus den höheren Kommunikationsdomänen verdrängt worden war, waren diese Veränderungen nicht kodifiziert worden. Noch Caxton (1477) rang die Hände über das *comyn englysshe*, das gemeine Englisch, das in einer Grafschaft anders gesprochen werde als in der nächsten: »Certaynly it is harde to playse every man, by cause of dyversité and chaunge of languge.« (Es ist wahrlich schwer, es jederman recht zu machen, von wegen der Ungleichartigkeit und Wandelbarkeit der Sprache.) Chaucer hatte also wenig, woran er sich halten konnte. Aus seiner Feder fließend erfuhr das Englische eine Renaissance. Mit der altenglischen Sprache aus vornormannischer Zeit hatte die seine nicht mehr viel gemein. Er goß die verwandelte Sprache in eine neue Form, die die Transformation, die sich seit der normannischen Eroberung vollzogen hatte, zu einer vollendeten Tatsache machte.

Was diese neue Sprache vom Altenglischen vor allem unterschied, war ihre Durchdringung mit Elementen der französischen Prestigesprache. *He was a verray parfit gentil knyght* (Er war ein wahrhaft vollkommener edler Ritter), schrieb Chaucer, in einem kurzen Satz wie diesem drei Wörter französischen Ursprungs verwendend: *parfit*, von *parfait*, »vollkommen«, *gentil*, in gleicher Schreibweise, »von edler Abstammung« und *verray*, von *vrai*, »wahrhaftig«. Aus dem französischen Adjektiv wurde ein englisches Adverb, das später *very* geschrieben wurde. Die Wahl zwischen den Sprachen galt es also nicht nur für das Werk als ganzes zu treffen, sondern in jedem Satz; denn das Phänomen, über das sich viel später die deutschen Romantiker so ereiferten, den Einbruch des Französischen in den deutschen Sprachalltag, gab es im normannischen England auch, ja in weit größerem Maße. Das Englische hat darunter aus heutiger Sicht nicht eigentlich gelitten. Vielmehr ist es dadurch letztendlich in vielen lexikalischen Bereichen doppelt ausgestattet worden. Nicht, daß darum nicht gestritten worden wäre. Daß die Volkssprache bereichert werden mußte, um zur allgemeinen Schriftsprache aller Domänen befördert werden zu können, war allen klar, die das wollten; keine Einigkeit bestand freilich darüber, wie das geschehen sollte. Die einen, zum Beispiel Sir Thomas Elyot und Edward Hall, traten für lateinische Neologismen oder französische Entlehnungen ein, während die anderen, unter ihnen Sir Thomas More und Sir John Cheke, die »eigene englische Sprache unvermengt, rein und pur« sich entwickeln sehen wollten. Chaucers große Leistung war die Integration. Unter seiner Hand wurden französische Elemente anglifiziert und eingemeindet, nicht ausgeschieden oder als *Fremd*wörter an den Rand gedrückt.

Chaucer lebte den Sprachkontakt seiner Zeit. Auf dem Hintergrund der gesellschaftlichen Mehrsprachigkeit hatte der Autor für sein dichterisches Werk eine Sprache zu wählen, und durch die Wahl, die er traf, trug er zur Anpassung der Volkssprache an gehobene Ansprüche bei. In der poetischen Form war Chaucer der französischen Tradition verpflichtet, wie sie exemplarisch der *Roman de la Rose* verkörpert, aber er schrieb auf englisch, eine neue englische Sprache, die für Caxton und durch ihn für viele literarisch ambitionierte Schriftsteller zum Modell wurde.

Lexikalische Doppelung im Englischen:
Verben angelsächsischen und französischen Ursprungs

angelsächsisch	französisch	
to beginn	to commence	*anfangen*
to bother	to annoy	*stören*
to clothe	to dress	*(an)kleiden*
to end	to finish	*(be)enden*
to fight	to combat	*kämpfen*
to gain	to profit	*gewinnen*
to give up	to abandon	*aufgeben*
to hinder	to prevent	*hindern*
to overcome	to vanquish	*besiegen*
to shape	to forge	*formen*
to shun	to avoid	*(ver)meiden*
to take	to apprehend	*nehmen*

* * *

Luther und Erasmus. Wie im übrigen Europa war die Sprache der Macht im mittelalterlichen Deutschland nicht dieselbe wie die Sprache des Volkes. Latein war die Sprache des Reiches und die Sprache der Schrift, vom Volk gesprochen wurden deutsche Dialekte. Als Amtssprache des Reiches hielt sich Latein länger als in anderen Ländern. Deutsch entwickelte sich in mittelhochdeutscher Zeit mehr daneben als dagegen. Als aus dieser sprachlichen Arbeitsteilung schließlich ein Konflikt wurde, galt die Auseinandersetzung nicht primär der Sprache. Es war Luthers Worttheologie – auch für ihn war am Anfang das Wort –, mit der er die päpstliche Autorität angriff, die die Volkssprache ernsthaft mit dem Lateinischen in Konkurrenz treten ließ. Seine gegen die Kirche gerichtete Lehre, daß die Schriftauslegung jedermann freistünde, verlangte nach einer Bibelübersetzung in ein der Umgangssprache nahes Idiom. Luther hatte also wichtige Gründe für seine Entscheidung, die Offenbarung zu popularisieren und sein schriftstellerisches Talent auf dem Felde der deutschen Sprache auszutoben; denn ein solches Idiom stand ihm in vollausdifferenzierter Form noch gar nicht zur Verfügung (vgl. Kap. II, S. 34f.).

Dolmetschen machte Luther zu einer neuen Form des Auslegens, durch die die in der nicht verstandenen lateinischen Sprache fossilisierte Religiosität des Volkes wiederbelebt werden sollte. Seine Entscheidung für das deutsche Idiom stand also weniger im Dienste der Sprache an und für sich als in dem seiner Mission. Indem er sich mit der Bibelübersetzung, in der Predigt, mit Liedern und religiösen Schriften auf deutsch ans Volk wandte, zog er es in den bis dahin im wesentlichen auf die literarisch – und das hieß: lateinisch – gebildete Intelligenz beschränkten theologischen Diskurs hinein. Er schuf eine Öffentlichkeit, wie sie vorher nicht bestand, etwa in seiner Programmschrift »Von der Freiheit eines Christenmenschen« (1520). Diese Öffentlichkeit konstituierte sich wesentlich in der diesen neuen Funktionen angepaßten Volkssprache.

Obschon seine eigene Sprachgewalt kaum die des »gemeinen Mannes« war, auf den er sich gern berief, schuf Luther Ausdrucksformen, die ebenso eindringlich wie dem Volk verständlich waren. Seine Tendenz zu formelhafter Stringenz und einprägsamen Sprüchen verlieh der Sprache Festigkeit und Ausdruckskraft. Schon von Zeitgenossen wurde Luther deshalb als »teutscher Cicero« gepriesen. Noch zweieinhalb Jahrhunderte später zollt ihm Klopstock überschwenglich Tribut: »Niemand, der weiß, was eine Sprache ist, erscheine ohne Ehrerbietung vor Luther. Unter keinem Volke hat ein Mann soviel an seiner Sprache gebildet.« Diese hyperbolische Hochpreisung, typisch für Klopstock, muß gewiß mit einem Körnchen Salz genommen werden, wenn wir an andere denken, die ebenso viel an der Sprache ihres Volkes gebildet haben – wenn sich das überhaupt quantifizieren läßt. An Dante und an Chaucer und ihre hier besprochenen sprachschöpferischen Leistungen; an Jan Hus (1369–1415), der die tschechische Bibelübersetzung besorgte; an den slowakischen Priester Anton Bernolák (1762–1813), der in seiner *Dissertatio philologico-critica de litteris Sclavorum* (1784) die Notwendigkeit einer slowakischen Literatursprache begründete; an Barbu Paris Mumuleanu (1794–1836), der die walachischen Dialekte zur rumänischen Literatursprache ausbaute; an den Dichter und Lexikographen Vuk Stefanovic Karadzic (1787–1864), dem die serbische Sprache ihr Fundament in Form einer Sammlung von Volksliedern, eines Lexikons und einer Grammatik verdankt; an Ivar Aasen (1813–1896), den die Norweger als Vater ihrer Sprache verehren, da er auf der Grundlage der norwegischen Dialekte des Dänischen das *Landsmål* als eigenständige norwegische Hochsprache kodifizierte. Sie und manche anderen Gelehrten, Theologen und Schriftsteller, die durch ihr Werk ihre Sprachen nachhaltig beeinflußten, neben Luther zu stellen, heißt nicht, dessen Bedeutung herabzusetzen. Nur sehen wir in ihm keine Einzelerscheinung, sondern ein Mitglied der illustren Gilde der Sprachmeister. Wie seine Kollegen widerspricht er durch sein schöpferisches Tun der falschen Vorstellung, daß man in die Sprache hineingeworfen ist. Sein Einfluß auf die Ausformung einer geregelten deutschen Schriftsprache bestätigt Adornos Einschätzung: »Keine Sprache, auch die alte Volkssprache nicht, ist, wozu restaurative Lehren sie machen möchten, ein Organisches, Naturhaftes.« (Adorno 1969:114)

Die deutsche Sprache, die Luther vorfand, war nicht organischer oder naturhafter als Latein, nur weniger festgeschrieben und weniger entwickelt. Luther hatte nicht zwischen Natur und Kunst zu wählen, seine Wahl betraf allein die funktionale Distribution der Sprachen in seiner Gesellschaft. Es ging um mehr Partizipation, nicht um mehr Natur. Wo es seinen Zwecken gemäß war, schrieb und sprach Luther selbstverständlich Lateinisch. Die Auseinandersetzung mit der Kirche führte er mittels lateinisch abgefaßter Schriften wie zum Beispiel *De captivitate Babylonica ecclesiae* (1520). Wie viele seiner Zeitgenossen traf Luther die Entscheidung für die eine oder die andere Sprache wiederholt, je nach der kommunikativen Absicht, die er verfolgte. Die bestehende soziale Zweisprachigkeit verlangte von ihm und seine Schulung erlaubte es ihm, für die eine Gelegenheit diese, für die andere jene Sprache zu wählen. Dabei trug sein monumentales volkssprachliches Werk langfristig dazu bei, die gesellschaftliche Funktionsverteilung der Sprachen zugunsten des Deutschen zu verschieben. Damit markierte er eine wichtige Veränderung in der Sprachökonomie seiner Gesellschaft.

Zu Luthers Zeit war die alte Schriftsprache freilich noch lange nicht ausgezählt. Die deutschen Humanisten schrieben fast ausnahmslos auf lateinisch, und wo deutsche Idiome in die hergebrachten Domänen des Latein hereingezogen wurden, konnten sie dessen Geltung doch nicht gleich verdrängen. Wie im ersten Kapitel erwähnt, hatte sich Paracelsus (1493–1541) dafür entschieden, an der Baseler Universität auf deutsch zu lesen. Seine deutschsprachigen Werke wurden als wichtig erkannt und deshalb nach seinem Tod flugs ins Lateinische übersetzt. Ähnlich erschien »Der Garten der Gesundheit« von Johannes de Cubas zunächst 1485 auf deutsch, aber 1491 folgte eine erweiterte lateinische Version unter dem Titel *Hortus sanitatis*. Um die Wende zum 16. Jahrhundert wurde die lateinische Sprache der deutschen für Zwecke der anspruchsvollen Kommunikation noch immer vorgezogen.

Die Gebildeten dieser Zeit mußten unvermeidlich eine Sprachenwahl treffen. Deutsch war noch nicht, Latein nicht mehr das selbstverständliche Medium für die mit Anspruch auf Bestand vorgebrachte Äußerung. Die Gründe, die die Entscheidung für das eine oder das andere bestimmten, sind teils funktionaler, teils ideologischer Natur und manchmal Geschmackssache. Erasmus, der große Rotterdamer Gelehrte, war polyglott, da in ganz Europa zu Hause. Dennoch schrieb er im Gegensatz zu Luther nie einen Brief in der Volkssprache. Seine Sprache war das Humanistenlatein. An Luthers Stil mißfiel ihm die Wildheit (*ferocitas*), die Unfrieden stifte. Dabei war er jedoch nicht prinzipiell gegen die missionarische Verwendung der Volkssprache, obschon er sich selber den Glauben an die erzieherische Mission des Lateinischen bewahrte. Als Redaktor und Textkritiker wurde er nicht müde, die Evangelien, die Texte der Kirchenväter und der griechischen und lateinischen Dichter zu edieren und für die neue Technik des Drucks aufzubereiten. Sicher nicht weniger um die Erhöhung des Bildungsniveaus seiner Zeitgenossen bemüht als Luther, richteten sich seine Anstrengungen doch nicht auf die Volkssprache, sondern auf die Erneuerung der Ausdrucksmittel des Lateinischen. Er sammelte umfangreiche Materialien sprachlicher Kunstmittel, deren Anwendung er zur Nachahmung vorführte. Mit seinem 1522 erschienenen Werk über das Briefschreiben, *De conscribendis epistolis*, hatte er enormen Einfluß. Selbst seinen Beitrag zur Schelmen-Literatur, *Laus stultitiae*, »Lob der Torheit«, und seine satirische Sittenkritik, *Colloquia familiaria*, »Vertrauliche Gespräche«, verfaßte er auf lateinisch.

Trotz seiner Hochschätzung der Klassiker blieb Erasmus mit seinem Latein durchaus nicht der Antike verhaftet. Sein Postulat des *apte dicere*, der sachgerechten Rede, folgte aus seiner Einsicht, daß sich das sprachliche Repertoire mit gesellschaftlichen Institutionen und Überzeugungen verändert, und seiner Überzeugung, daß die lateinische Sprache in ihrer Universalität nicht an die Antike gebunden war, sondern den Bedingungen seiner Zeit angepaßt werden konnte und mußte. Daran arbeitete er.

Auch bei ihm verband sich also, wenn auch auf andere Weise als bei Luther und den anderen Volkssprachaposteln, die Entscheidung für eine Sprache mit der praktizierten Einsicht in die Notwendigkeit ihrer gesteuerten Anpassung an neue Gegebenheiten und Ausdrucksbedürfnisse.

Muttersprache, Sprache der Literatur?

Nach einer landläufigen Vorstellung entsteht große Literatur nur in der Muttersprache. Sie impliziert, daß für literarische Zwecke verschiedene Sprachen gar nicht zur Wahl stehen, höchstens in Ausnahmefällen. Die Beispiele, die wir bisher betrachtet haben, erlauben jedoch nicht den Schluß, daß literarischer Ausdruck in irgendeiner Weise davon abhängt, daß die verwendete Sprache als erste erworben wurde. Im Gegenteil, die großen Exponenten volkssprachlicher Literatur, auf die wir unsere Aufmerksamkeit hier gerichtet haben, hatten mit ihrer »Muttersprache« alle ihre liebe Not. Für keinen von ihnen war die Entscheidung für die Volkssprache die natürlichere oder einfachere Option. Einfacher war allenfalls die Rezeption der von ihnen geschaffenen Literatur, nicht die Produktion, denn den Schriftstellern bereitete der Ausbau der Volkssprache für literarische Zwecke sicher nicht weniger Mühe als die Erlernung der Schriftsprache. Diese Situation, mag nun der Skeptiker zu bedenken geben, war nur charakteristisch für die Übergangsepoche vom Mittelalter in die Neuzeit, während der sich die europäische Sprachenlandschaft so grundlegend veränderte. Das stimmt, aber nur zum Teil.

Die graduelle Zurückdrängung des Latein durch die europäischen Volkssprachen und deren Aufwertung zu Literatursprachen eigenen Rechts kennzeichnet die Transformation mittelalterlicher in moderne Kommunikationsgemeinschaften. An ihrem Ende standen nicht nur neue Schriftsprachen, sondern Nationalsprachen, Sprachen nämlich, die im Gegensatz zu der horizontalen Kommunikation der europäischen Eliten, die das Latein gewährleistete, die vertikale Integration der gesellschaftlichen Stände ermöglichte und so an Stelle einer dünnen europäischen breitere nationale Öffentlichkeiten entstehen ließen. Als ideologisches Nebenprodukt dieses Prozesses wurden die gruppendefinierenden Merkmale der Sprachen herausgestrichen und zum schicksalhaften Erbgut des Individuums hochstilisiert, wie es mit dem Begriff »Muttersprache« insinuiert wird. Heute gilt es als ausgemacht, daß die Muttersprache die ist, die man am besten beherrscht, und daß das in einem diffusen Sinne natürlich ist. Diese »Natürlichkeit« ist freilich nicht weniger ein zeitspezifisches Arrangement der sprachlichen Ressourcen der Gesellschaft als die vermeintlich künstlichere Latinität des Mittelalters. Jede Epoche hat ihre Vorstellungen davon, was Sprachen sind und was sie leisten. Erasmus oder auch Luther die Gretchenfrage nach der Muttersprache zu stellen, hätte einen völlig anderen Sinn gehabt als einem Autoren des zwanzigsten Jahrhunderts. Denn keiner von beiden hätte als selbstverständlich vorausgesetzt, daß die Muttersprache als solche irgendwelche Ausdrucksvorteile bietet und sich deshalb besser zum Medium literarischen Schaffens eignet. Erst seit es nationale Literaturen und nationale Sprachen gibt, ist die Frage nach der Muttersprache für den *homme de lettres* aus der Belanglosigkeit herausgerückt. Und erst seit Sprache als nationales Gut verstanden wird, erscheint sie als eine Fatalität und nicht wie vormals als Instrument, das dem gegebenen Zweck entsprechend zu wählen war.

* * *

Nun sind freilich auch neuzeitliche Dichter und Schriftsteller nicht gezwungen, dem Klischee zu entsprechen, daß zum Ausdruck des Innersten, des Fein- und Tiefsinnigsten sich nur die Muttersprache eigne, und viele tun es nicht. Der Triumph der als Muttersprache ausgegebenen Nationalsprache läßt die Disponibilität der Sprache des originellen, schöpferischen, poetischen Ausdrucks leicht in Vergessenheit geraten, da Dichter und Schriftsteller sich nicht unbedingt dagegen wehren, als nationale Embleme vereinnahmt zu werden, um am nationalen Mythos mitzubauen. Aber es gibt immer noch genug Autoren, die uns daran erinnern. Wählen tut der Schriftsteller, dem es ja mehr als anderen Sprachbenutzern nicht nur um die Botschaft, sondern auch um den Ausdruck zu tun ist, sowohl das Wort als auch die Sprache.

1781 wurde in Boncourt in der Champagne Louis Charles Adélaïde de Chamisso de Boncourt geboren. Mit seiner adeligen Familie floh er in den Wirren der Revolution 1790 aus Frankreich über Lüttich, Den Haag und Düsseldorf nach Preußen. In Berlin besuchte er das Französische Gymnasium. 1838 starb er als Adelbert von Chamisso, einer der populärsten deutschen Lyriker seiner Zeit. Das wurde er, obwohl zunächst Französisch die Sprache seines poetischen Schaffens war und er erst später, seit 1803, auf deutsch dichtete. Sein bekanntestes Werk, »Peter Schlemihls wundersame Geschichte«, schrieb er einmal auf französisch nieder und einmal auf deutsch.

1831 erschien in Sankt Petersburg »Abende auf dem Weiler bei Dikanka. Herausgegeben von Imker Rudy Panako«. Die Verlagsankündigung dieses Werks wird in der Literaturgeschichte als Geburtsanzeige der modernen russischen Kunstprosa gefeiert. Mit der Komödie »Der Revisor« und dem Roman »Die toten Seelen« wurde der Autor, Nikolaij Gogol (1809–1852), weltberühmt. Russisch war seine zweite Sprache, in seiner Kindheit sprach er Ukrainisch. Die frühen Werke dieses Erneuerers der russischen Literatursprache wurden in Rezensionen noch wegen Verstößen gegen die Sprachnorm kritisiert. Aber was als Substandard erschien, wurde beispielhaft. Gewiß, Gogol kam nicht von sehr weit her zum Russischen, aus der unmittelbaren slawischen Nachbarschaft, und im Gegensatz zu Chamisso stieg er in der Prestigehierarchie der Sprachen auf, trat das Ukrainische als Literatursprache doch erst in der ersten Hälfte des 19. Jahrhunderts in Erscheinung. Der teils durch seine Bewunderung Puschkins motivierten Hinwendung zum Russischen als Sprache seines literarischen Werkes lag dennoch eine bewußte Entscheidung zugrunde.

Im selben Jahr, als Gogol die Bühne der Weltliteratur betrat, wurde in Ungarn Arminius Vambery geboren, der sich einen Namen als »Derwisch von Windsor Castle« machen sollte (Alder/Dalby, 1979). Als Derwisch verkleidet nämlich bereiste er in seiner Jugend Zentralasien, wo er sich über Land und Leute sachkundig machte und als Kenner des Korans in Khiva, Samarkand und Buchara zu hohem Ansehen kam. Darauf aufbauend wurde er in Budapest Professor für orientalische Sprachen. Der Gelehrte bereiste ganz Europa. Eine zweite Karriere begann er später in London, wo er der britischen Krone als Diplomat und sechs Premierministern von Gladstone bis Asquith als Geheimagent diente. Vambery war überzeugter Freidenker, aber das hinderte ihn nicht, mehrfach die Religion zu wechseln. Jüdisch erzogen, konvertierte er als »Derwisch« zum Islam und später zum Christentum. Eine Religion, das war kein Patrimonium, sondern etwas, was man sich aussuchen konnte, wie es den Umständen gemäß opportun war.

Genau so hielt Vambery es auch mit den Sprachen. Er sagte von sich, keine Muttersprache zu haben, wohl aber mehr als ein Dutzend türkischer Dialekte zu beherrschen und ebenso viele französische. Gelegentlich stellte er das unter Beweis, so zum Beispiel als er einen Kongreß in Genf im lokalen Dialekt eröffnete. Außerdem sprach er nach eigener Angabe fließend Ungarisch, Deutsch, Slowakisch, Serbisch, Türkisch, Tatarisch, Persisch, Französisch, Italienisch und Englisch. Sein umfangreiches Werk, Reiseberichte, gelehrte Bücher und zahlreiche Artikel in angesehenen Zeitschriften, schrieb er in jungen Jahren meist auf ungarisch, später auf deutsch und englisch. Die englische Sprache wurde in seinem Leben immer wichtiger, aber er räumte ein, daß sie in England niemals als seine Muttersprache durchging, was bei Türkisch, Deutsch, Französisch und Persisch in den entsprechenden Ländern sehr wohl der Fall gewesen sei. Seiner Agententätigkeit kam das sehr zugute.

Als literarische Figur kam der Geheimagent zu höchstem Ansehen unter den meisterhaften Händen Józef Teodor Konrad Korzeniowskis, der Englisch im erwachsenen Alter zu seiner linguistischen Wahlheimat erkor. 1857 wurde er als Sohn polnischer

Eltern in der russischen Ukraine geboren. Mit elf Jahren verwaist, wuchs er dann bei seinem Onkel Thaddeus Bobrowski auf. Mit sechzehn verließ er Polen, um in Marseille auf einem französischen Schiff anzuheuern. Im Alter von zwanzig Jahren, der englischen Sprache weitgehend unkundig, kam er zum ersten Mal nach England. Die nächsten sechzehn Jahre fuhr er im Dienst der englischen Handelsflotte weiter zur See. 1886 ließ Joseph Conrad sich naturalisieren, um sich acht Jahre später endgültig in England niederzulassen. Als 1907 *The Secret Agent* erschien, gehörte der Autor von *An Outcast of the Islands* (1896), *The Nigger of the ›Narcissus‹* (1897), *Lord Jim* (1900) und *Nostromo* (1904) zum literarischen Establishment. 1924 starb Joseph Conrad und hinterließ ein Werk, das ihm einen Platz in der ersten Reihe der englischsprachigen Prosaautoren seiner Zeit sicherte.

Wie Conrad kam auch Vladimir Nabokov (1899–1977) vom Russischen zum Englischen, und wie jener gilt er als einer der elegantesten Stilisten englischer Zunge. Nach der Oktober-Revolution emigrierte er, erst nach Cambridge zum Studium, dann nach Paris, Berlin und schließlich 1940 nach Amerika. Als er 1948 an der Cornell-Universität Professor für russische Literatur wurde, hatte er ein reiches Werk in russischer Sprache vorzuweisen, aber auch bereits begonnen, auf englisch zu schreiben. *Korol, dama, valet*, »König, Dame, Bube« (1927), *Kamera obskura*, »Gelächter im Dunkel« (1932), und *Priglašenie na kazn*, »Einladung zu einer Hinrichtung« (1938), waren vielbeachtete Romane, die auch übersetzt wurden. Bleibenden Ruhm erwarb er sich mit seinen englischen Romanen und Erzählungen, namentlich *Lolita* (1953), *Pnin* (1957) und *Pale fire* (1962). Zu seinen wissenschaftlichen Arbeiten gehört eine Biographie Nikolaij Gogols, wie er ein Grenzgänger zwischen den Sprachen.

Zur gleichen Generation, ein paar Jahre jünger, gehört Elias Canetti, der die biographischen Umstände des Erwerbs der Sprache seiner Literatur in dem Buch »Die gerettete Zunge« selbst mitgeteilt hat. Er wurde 1905 in der bulgarischen Provinzstadt Rutschuk geboren, in derem orientalischen Milieu ihm zunächst das altertümliche Spanisch exilierter sephardischer

Juden zu Ohren kam, Ladino. »Alle Ereignisse jener Zeit«, erinnert er sich, »spielten sich auf spanisch oder bulgarisch ab.« (Canetti 1977: 6) Schon als Kind wurde er außerdem mit der Bildungssprache Französisch vertraut und erlernte als Sechsjähriger, nach der Übersiedlung der Familie, in Manchester Englisch. Der Vater starb früh, 1913, und mit seinem Ohr verlor die 27jährige Mutter die Sprache ihres Liebesgesprächs, Deutsch. »Meine Eltern untereinander sprachen deutsch, wovon ich nichts verstehen durfte. Zu uns Kindern und zu allen Verwandten und Freunden sprachen sie Spanisch.« (Ebd.: 18) Dieser Verlust war es, der Canetti zu einem deutschsprachigen Autoren werden ließ. Die Mutter, so erklärt er es, brachte ihm durch Auswendiglernen aus einem Buch Deutsch bei, Satz für Satz, damit er den Vater ersetzen konnte. »In Lausanne, wo ich überall um mich französisch sprechen hörte, das ich nebenher und ohne dramatische Verwicklungen auffaßte, wurde ich unter der Einwirkung der Mutter zur deutschen Sprache wiedergeboren und unter dem Krampf dieser Geburt entstand die Leidenschaft, die mich mit beiden verband, mit dieser Sprache und mit der Mutter.« (Ebd.: 107) Canetti war acht Jahre alt.

Hier haben wir einen Autor, der sich zu seiner »Muttersprache« bekennt, freilich in einem ganz anderen Sinne, als dem, in dem dieser aufgeladene Begriff gewöhnlich gebraucht wird. Es war eben nicht die ohne Absicht und Mühe, faute de mieux aufgesogene Sprache der Umgebung, sondern die unter Krämpfen eingetrichterte Sprache der Mutter, die erlernt wurde, um ihr zu willfahren, etwa so, wie das Latein, das mittelalterlichen Novizen eingebläut wurde.

Emigration und mehrsprachige Geburtsorte kennzeichnen die Biographien vieler Autoren, die sich in mehr als einer Sprache geäußert haben oder eine andere Sprache zu der ihrer Kunst machten als die ihrer Kindheit. Nur aus der Sicht der einsprachigen Sozialisation der einsprachigen Schule in dem durch die Nationalsprache sich äußernden Staat erscheint das ungewöhnlich. Die Ausübung des literarischen Handwerks steht nicht nur denen offen, die eine Muttersprache im ideologischen Sinne haben, noch ist die erste im Leben erworbene Sprache unbedingt ein privilegiertes Medium literarischen Ausdrucks. In Europa hat die Nationsprachideologie gesellschaftliche Mehrsprachigkeit in den Hintergrund gedrängt, nationale Literaturen entstehen und durch die Gleichsetzung von Sprache und Nation mehrsprachige Schriftsteller zu unerwarteten, wenn nicht suspekten Figuren werden lassen. So wirkungsvoll ist die neuzeitliche Verbindung zwischen Sprache und nationaler Zugehörigkeit, ja politischer Loyalität. Aber gleichzeitig mit der Durchsetzung der Nationalsprachen in Europa, die das bewirkt hat, sind in anderen Weltgegenden neue Mehrsprachigkeitsmuster entstanden, die es für Schriftsteller unumgänglich machen, für ihr literarisches Schaffen eine Sprache zu wählen.

Sprachliche Optionen in der (post)kolonialen Welt

Im Zuge der weltweiten Expansion Europas wurden europäische Nationalsprachen zu anderen Kontinenten getragen, wo sie heimisch geworden sind: vor allem Spanisch, Portugiesisch, Englisch, Französisch und Niederländisch. Sie haben sich als langlebiges Erbe des Kolonialismus erwiesen und die sprachliche Weltkarte auf Dauer verändert. So wie diese Sprachen heute zu den Sprachen Afrikas und Indiens gehören, gehören Werke afrikanischer, lateinamerikanischer und asiatischer Autoren zur englisch-, französisch-, spanisch- und portugiesischsprachigen Literatur. Die meisten von ihnen stammen aus mehrsprachigen Milieus, viele haben die Frage der Sprachenwahl nicht nur für sich persönlich beantwortet, sondern auch als Problem der postkolonialen Welt diskutiert.

Léopold Sédar Senghor verkörpert das typische Paradox der nach Selbstbestimmung strebenden Länder der europäischen Kolonialreiche. Als Freiheitskämpfer trat er der französischen Weltmacht entgegen, während er gleichzeitig französische Gedichte schrieb. Für ihn war das freilich keine Paradoxie, denn die Wahl der französischen Sprache implizierte nicht die Anerkennung des französischen Machtanspruchs. Französisch war ihm wie manch anderen afrikanischen Schriftstellern und Politikern weniger koloniales Relikt als unersetzbares Werkzeug zum Aufbau neuer Staaten. In seiner Kindheit hatte er Sérère gesprochen, aber trotz seiner gegen Frankreich gerichteten politischen Aktivitäten, die ihn zum ersten Präsidenten der Republik Senegal werden ließen, hielt er an der französischen Sprache fest. Er schätzte sie wegen ihrer Kultiviertheit, und er wollte gehört werden. Er wurde. Seine Karriere als frankophoner Schriftsteller beendete er als Mitglied der Academie Française.

Senghor gehörte der *Négritude*-Bewegung an, die den Bogen über den Atlantik spannte, von der Karibik nach Afrika. Den Begriff prägte 1939 Aimé Césaire, der bewunderte Stilist aus der Karibik, der für die Rückbesinnung der Afrikaner und Afroamerikaner auf die Kulturtraditionen des schwarzen Kontinents eintrat. Sein sprachlicher Hintergrund war das Kreol von Martinique, das freilich selbst vielen seiner Sprecher als minderwertiger Bastard galt. Seine Stimme auf französisch zu erheben, war daher eine eher erwartbare Entscheidung. Das dahinterstehende Dilemma beschreibt anklagend Frantz Fanon, wie Césaire in Martinique geboren: »Der Antillen-Neger wird in dem Maße weißer – will sagen: kommt einem wirklich menschlichen Dasein näher –, wie er die französische Sprache beherrschen lernt.« (Fanon 1952: 18) In der Karibik gesprochen war die französische Sprache der Metropole ein Element der Entfremdung des einzelnen von der sozialen Gruppe, in die er hineingeboren war. Fanon war ein exponierter Kritiker dieses Zustands, dennoch bediente er sich selbst des Französischen. Denn er hatte keinen Zweifel daran, daß es kein besseres Mittel gab, seine afro-karibischen Landsleute herabzusetzen, als die verachteten Varietäten des karibischen Französisch. Deshalb »will der Neger Französisch sprechen, weil diese Sprache ihm Türen öffnen kann, die ihm früher verschlossen waren« (ebd.: 38). Fanon analysierte diese Zusammenhänge kritisch und betroffen, aber er erkannte sie an und fügte sich ihnen durch seinen Sprachgebrauch.

Daß die transplantierten europäischen Sprachen ein Instrument der Kolonialisierung des Geistes seien, ist ein Topos des literarischen Metadiskurses der postkolonialen Welt. Die damit aufgeworfene Frage nach der Sprache, in der sich Dichter und andere Intellektuelle dieser Länder äußern sollen, wird freilich nicht von allen gleich beantwortet. Die einen sehen die europäischen Sprachen als Fremdkörper und aufgrund der unterstellten innigen Verquickung von Sprache und Kultur ungeeignet, den Erfahrungen eines Lebens in Afrika oder Indien Ausdruck zu verleihen, während die anderen sie als anpaßbare Werkzeuge betrachten, die durch Regionalismen in Grammatik und Lexikon beliebig erweiterbar sind.

Chinua Achebe aus Ogidi im Osten Nigerias zum Beispiel wuchs mit Igbo als erster Sprache auf, teilte der Welt jedoch die Erfahrung des kolonialen Afrikas auf englisch mit. Seinen ersten Roman, in dem er die Zerstörung traditioneller gesellschaftlicher Strukturen durch die Ankunft weißer Missionare in einem afrikanischen Dorf beschreibt, nannte er *Things Fall Apart*. Seine Entscheidung für das Englische rechtfertigte er ebenso offensiv, wie die Wahl dieses Titels ostentativ war: Er entstammt dem Gedicht *The Second Coming* von William Butler Yeats.

»Ist es recht, daß ein Mann seine Muttersprache für die eines anderen aufgibt? Das sieht nach schrecklichem Verrat aus und erzeugt Schuldgefühle. Doch ich glaube, daß die englische Sprache dazu in der Lage sein wird, die Last meiner afrikanischen Erfahrung zu tragen. Aber es wird ein neues Englisch sein müssen. Der Preis, den eine Weltsprache zu zahlen bereit sein muß, ist, daß sie sich vielen verschiedenen Verwendungsweisen fügt.« (Achebe 1965)

Achebe konzentriert sich bei der Begründung seiner Wahl auf die Sprache selber: Sie muß angepaßt werden, und das wird möglich sein; denn die Sprache existiert ja nicht an und für sich, sondern wird ständig von denen, die sie benutzen, rekonstruiert. Weniger die Sprache der Literatur als die Menschen, die sie lesen sollen, sind für einen anderen großen afrikanischen Schriftsteller bei seiner Lösung der Sprachenfrage entscheidend. Mit Romanen wie *Weep not, Child* (1964) und *Petals of Blood* (1977) schuf

Ngugi Wa Thiong'o aus Kenia sich ein Renommee als bedeutender englischsprachiger Autor Afrikas. Er experimentierte mit verschiedenen stilistischen Mitteln, um die afrikanische Wirklichkeit literarisch faßbar zu machen, etwa mit der Verwendung mehrerer Sprachen in einem Theaterstück. Er kam jedoch schließlich zu dem Ergebnis, daß Bücher in europäischen Sprachen nichts zur Förderung der afrikanischen Literatur beitragen konnten. »Wo ist der Unterschied,« fragte er pointiert, »zwischen einem Politiker, der sagt, Afrika könne ohne Imperialismus nicht auskommen und einem Schriftsteller, der sagt, Afrika könne nicht ohne europäische Sprachen auskommen?« (Thiong'o 1986: 26) Ngugi ist überzeugt, daß Afrika ohne europäische Sprachen auskommen kann und sollte. Die Konsequenz, die er persönlich daraus zog, machte er öffentlich bekannt.

»1977 veröffentlichte ich *Petals of Blood* und verabschiedete mich von der englischen Sprache als Medium meiner Theaterstücke, Romane und Erzählungen. Seither war all mein literarisches Schreiben auf gĩkũyũ. […] Sachprosa habe ich jedoch weiterhin auf englisch geschrieben. Dieses Buch, *Decolonising the Mind*, ist mein Abschied vom Englischen für alles, was ich schreibe. Von nun an ist es entweder Gikuyu oder Kiswahili, ohne Ausnahme. Ich hoffe allerdings, daß ich dank des bewährten Mittels der Übersetzung auch weiterhin mit allen einen Dialog führen werde.« (Ebd.: xiv)

Die Sprache ist unwichtig

Das Vertrauen in die Möglichkeit der Übersetzung entschärft die Sprachenfrage für den Autoren, der wählen kann und somit muß. Vielen afrikanischen Intellektuellen ist es schwergefallen, ihre Entscheidung zu treffen, ohne damit im postkolonialen Diskurs um die geistige Emanzipation Position zu beziehen. In Indien hingegen, auf dem Hintergrund einer literarischen Tradition, die sich in diversen Sprachen manifestiert und weit vor die Zeit zurückreicht, als auf englisch die ersten holperigen Verse geschrieben wurden, scheint die Sprachenwahl weniger ideologisch befrachtet zu sein. R. K. Narayan zum Beispiel, der Doyen der englischsprachigen Romanciers Indiens, der das *Ramayana* modern nacherzählt hat und sein Land in mehr als einem Dutzend Romanen von *Swami and Friends* bis *A Tiger for Malgudi* hat lebendig werden lassen, legt dem literarisch ambitionierten Helden von *The English Teacher* (1945) leicht ironisch die folgende Bemerkung in den Mund:

»Einige der Stücke waren auf englisch geschrieben und einige auf tamilisch. (Ich hatte mich noch nicht entschieden, welche Sprache durch meinen Beitrag zur Literatur bereichert werden sollte, aber die Sprache war unwichtig. Die Hauptsache schien die tatsächliche Arbeit zu sein.)« (Narayan 1991: 45)

In seinen Memoiren sagt Narayan über diesen Roman: »Mehr als jedes andere Buch ist *The English Teacher* autobiographischen Inhalts, sehr wenig darin ist fiktiv.« (Narayan 1989: 131) In der von ihm herausgegebenen Vierteljahresschrift *Indian Thought* bekannte er sich dazu, die englische Sprache auf höchstem Niveau für die Darstellung von Indiens kulturellem Erbe benutzen zu wollen, aber in seinem Werk blieb es dabei, die Sprache war unwichtig. Diese Nonchalance muß den Poetologen überraschen. Gewiß ist sie auch nicht für viele Dichter charakteristisch. Gleichwohl wirft die beiläufige Überlegung des »Englischlehrers« ein Schlaglicht auf einen allgemeinen Aspekt der Problematik, die uns hier beschäftigt. Das literarische Anliegen ist zunächst durchaus unabhängig von der Sprache. Das bezeugen alle Autoren, die hier zu Wort gekommen sind, ob sie im Laufe ihres Lebens von einer Sprache zur anderen gewechselt sind oder sich vom Beginn ihrer schreibenden Tätigkeit für eine Sprache entschieden haben, die nicht ihre erste war. Es ist unabhängig, weil sich der Schriftsteller seine Ausdrucksmittel sucht, wo er sie findet und, wo er sie nicht findet, schafft. Nicht wenige auf dem indischen Subkontinent finden sie in mehreren Sprachen.

Da ist Khushwant Singh, 1915 in Hadali im Padschab geboren, Redakteur von *New Delhi* und *The Hindustan Times*, in den 8oer und 9oer Jahren Indiens bekanntester Kolumnist. Sein elektrifizierender Roman *Train to Pakistan* (1954) wurde *das* Buch der Teilung Indiens. Singhs erste Sprache war Padschabisch, die zweite Urdu und die dritte Englisch. Er schreibt sowohl Urdu als auch Englisch und übersetzt von ersterem in letzteres.

Nirad Chaudhuri erwarb sich 1952 die Anerkennung der literarischen Welt durch seine *Autobiography of an Unknown Indian*, die er auf englisch verfasste und dem britischen Raj widmete. Er sprach zuerst Bengalisch und hat es nie aufgegeben. Auch nach seiner Übersiedlung im hohen Alter nach Oxford fuhr er fort, in beiden Sprachen zu schreiben. Warum sollte er sich auch als freier Mensch und Dichter an eine binden, wenn ihm beide als Medium der Kunst tauglich sind?

Die Freiheit des Dichters

Und so weiter. Wir könnten lange fortfahren, Biographien von Sprachmeistern unter dem Aspekt zu betrachten, wie und aus welchen Gründen sie die Sprachen ihrer Kunst gewählt haben. Jedem Leser werden andere bekannte oder weniger bekannte Beispiele einfallen – und Rilke, und Beckett, und Ezra Pound, und T. S. Eliot, und Ionesco, und Cioran, und Erich Fried, und George Steiner, und Seamus Heaney, und Daniel Schmid, und Nissim Ezekiel, und Jorge Semprún, den Bewunderer und Kollegen Celans.

Semprún fühlt sich mit der Sprache seines französischen Exils ebenso verbunden wie mit der seiner spanischen Kindheit. Im Zusammenhang mit der Frage, weshalb er sein Buch *Le grand voyage* nicht in seiner Muttersprache, sondern auf französisch geschrieben hat, geht er ausführlich auf sein Verhältnis zu den beiden Sprachen ein. In der Zeit der Niederschrift, die er größtenteils in Madrid verbrachte, konnte der kommunistische Franco-Gegner, durch die Zensur gehindert, in Spanien nicht veröffentlichen.

»Mit der Sprache meiner Kindheit fand ich die ganze Komplizenschaft wieder, die Leidenschaft, das Mißtrauen und den

Geschmack an der Herausforderung, in denen die Intimität des Schreibens gründet. Überdies wußte ich bereits, daß ich mir an dem Tag, an dem mir die Möglichkeit zu schreiben zurückgegeben würde – oder ich sie mir wiedernehmen würde – meine Muttersprache würde aussuchen können.

In der Tat war Französisch ebenso meine Muttersprache wie Spanisch. Sie ist zu der meinen geworden. … Ich habe mir meine Herkunft nicht ausgesucht, noch meine Muttersprache; besser gesagt, ich habe nur eine von ihnen gewählt, Französisch.

Man hat mir gesagt, durch die Umstände des Exils, der Entwurzelung sei ich dazu gezwungen worden. Das stimmt nur zum Teil, zu einem sehr kleinen Teil. Wieviele Spanier haben nicht die Sprache des Exils abgelehnt? Sich ihren Akzent, ihre sprachliche Fremdheit bewahrt, in der rührenden, unüberlegten Hoffnung, sie selbst zu bleiben? Also andere? Und haben auf den richtigen Gebrauch des Französischen absichtlich im Dienst bestimmter Zwecke verzichtet? Ich meinerseits habe das Französische, die Sprache des Exils, als eine weitere genuine Muttersprache gewählt. …

Es war keinesfalls wegen der Einfachkeit, daß ich mich dazu entschloß, *Le grand voyage* auf französisch zu schreiben. Es wäre mir ebenso leicht gefallen – wenn man diese Arbeit mit diesem leichtsinnigen Adjektiv näher bestimmen kann – oder ebenso schwer, es auf spanisch zu schreiben. Ich schrieb es auf französisch, weil ich es zu meiner Muttersprache gemacht hatte.« (Semprún 1994: 283f.)

An anderer Stelle sagt Semprún über sein Exil, das 1939 im Internat Henri IV in Paris begann, als er 15 war: »Das Exil war mein zweites Vaterland. Besser gesagt, die Sprache des Exils war dieses mögliche Vaterland.« (Semprún 1993: 281) Was er über die spanischen Exilanten in Frankreich sagt, ist aufschlußreich. Ihren Akzent, ihr unvollkommenes Französisch haben sie gepflegt in der illusorischen Absicht, sie selber zu bleiben, so, als bliebe die Zeit stehen und es wäre möglich, nach einem Interim den Faden wieder dort aufzunehmen, wo er durch das Exil abgerissen war. Die Umstände als bestimmende Determinante seines

Lebens akzeptiert Semprún nicht. Er wählt, aus den Möglichkeiten, die sich ihm bieten. Und die anderen, die an ihrem Akzent festhalten und sich so ausdrücken, wie es ihren Zwecken entspricht, tun es auch. Was wir von Semprún noch lernen, ist, daß nicht allein das Hineingeborenwerden in eine Sprache, ihre Verbindung mit den prägenden Erfahrungen der frühesten Kindheit, diese so emotional aufladen kann, daß sie poesiefähig wird. Sein poetisches Gedächtnis sei immer zweisprachig (ebd.: 96), teilt er uns mit, und auch das entspricht einer bewußten Entscheidung. Semprúns Optionen sind relativ reich, aber nicht außergewöhnlich. Er weiß, daß er nicht gezwungen ist, so zu schreiben, wie er schreibt, in der Sprache, die er wählt oder in den Ausdrucksmitteln. Denn es kennzeichnet den Dichter, daß er nicht der Sklave der Sprache ist, sondern, etwas mehr noch vielleicht als andere Sprachteilhaber, ihr Meister.

VI

MIT ANDEREN WORTEN – SPRACHEN NEBENEINANDER UND GEGENEINANDER

In order to resume. Resume the – what is the word?
What the wrong word?

Samuel Beckett

Sprachliche Ressourcen

Dichter verstehen mit der Sprache umzugehen, auch wenn sie ihr wie Samuel Beckett mißtrauen; denn das ist ihr Metier. Aber auch von den normalen Mitmenschen erwarten wir, daß sie ausdrücken können, was sie wollen, uns und anderen sagen können, was ihnen am Herzen liegt oder sonst mitteilenswert erscheint. Auch sich verbal zu äußern ohne bestimmte Mitteilungsabsicht, gehört dazu, einfach wegen der menschlichen Wärme oder damit nicht geschwiegen wird. Das kann jeder. Mit Sprache sind wir begabt, und außerdem verlangt die Gesellschaft von uns, daß wir uns äußern. Trapistenmönche ausgenommen, verzichten wenige auf den sprachlichen Verkehr mit anderen, und wenigen würde es von der Gesellschaft gestattet. Daß Sprache eine Grundgegebenheit ist, über die jedes normale Mitglied der Gesellschaft verfügt, impliziert freilich nicht, daß sich alle gleich gut auf sie verstehen.

Die sprachlichen Ressourcen einzelner und gesellschaftlicher Gruppen variieren in großem Maße. Während die Routine des Lebens von den einen nicht mehr verlangt, als täglich mit einigen Leuten ein paar Worte zu wechseln, verbringen die anderen ihre Tage weitgehend damit, zu sprechen und zu schreiben und das, was andere sprechen und schreiben, zur Kenntnis zu nehmen. Untergruppen der Sprachgemeinschaft, wie sie etwa durch Alter und Beruf definiert sind, unterscheiden sich u. a. durch Intensität und Art ihres Sprachgebrauchs. Und individuelle Unterschiede sehen wir darin, daß Wortgewandtheit eine graduelle Eigenschaft ist, die einen in größerem oder geringerem Maße ziert. Auf der Grundlage der einmal erworbenen sprachlichen Ausdrucksfähigkeit ist sie auch eine Funktion des Inputs, dessen nämlich, was Sprecher im Laufe ihrer Sprachsozialisation lernen, durch das, was andere zu ihnen sagen, durch die Gespräche in ihrer Umgebung, durch die Medien und durch Lektüre.

Je nachdem, was und wieviel Sprecher sich angeeignet haben, sind die Ausdrucksrepertoires, aus denen sie schöpfen, um den kommunikativen Notwendigkeiten ihres Lebens gerecht zu werden, größer oder kleiner, mehr oder weniger differenziert. Die Sprachwissenschaften schenken diesen Unterschieden wenig Aufmerksamkeit, zum Teil weil sie vorgeben, die Sprache – ein Ding – und nicht die Sprecher zu studieren; zum Teil weil sie die Menschheit in »Muttersprachler« und »Nicht-Muttersprachler« einteilen, so wie andere sie in Motorradfahrer und Nicht-Motorradfahrer einteilen. Erstere, die »Muttersprachler«, nicht die Motorradfahrer, sind ihre Gewährsleute. Selbst wenn sich diese Einteilung als eine kategoriale Unterscheidung rechtfertigen ließe, würde dabei unter den Teppich gefegt, daß die Gruppe der Muttersprachler keineswegs homogen ist. Individuelle Unterschiede in der Sprachbeherrschung interessieren die Sprachwissenschaft dennoch nur am Rande, nämlich im pathologischen Fall, wo also die Sprachbeherrschung nicht nur beschränkt, sondern durch Anlage oder Trauma eingeschränkt ist. Daß die »Muttersprache« eine Gruppe definiert und daß somit jeder einzelne in gleicher Weise an ihr teilhat, ist ein starkes Ideologem, das in Kombination mit der egalitären Gesellschaftsvision und der Scheu vor Werturteilen, die unsere Epoche kennzeichnen, dazu geeignet ist, individuelle und gruppenspezifische Unterschiede in der Sprachbeherrschung auszublenden. Es gibt andersartige, aber nicht über-legene oder inferieure Sprachkompetenz, darauf hat man sich geeinigt.

Trotzdem sind differentielle Sprachkompetenzen nicht zu leugnen. Sie springen dort am deutlichsten ins Auge, wo mehr als eine Sprache betroffen ist: bei mehrsprachigen Individuen und in Gesellschaften, in denen zwei oder mehr Sprachen nebenein-ander, durcheinander oder übereinander in Gebrauch sind. Zwei Sprachen sind mehr als eine. Auch wenn es schwierig ist, Sprach-kompetenz zu quantifizieren, provoziert dieser Satz zunächst einmal wenig Widerspruch. Wie verhält sich das aber, wenn wir ihn auf einzelne Sprecher oder auf Sprachgemeinschaften an-wenden? Hat ein Zweisprachiger mehr Sprache als ein Einspra-chiger, und sind die sprachlichen Ressourcen einer mehrsprachi-gen Gesellschaft größer als die einer einsprachigen? Prima facie würde man das bejahen, aber wie verträgt sich das mit der allge-mein akzeptierten Idee von der Universalität des Sprachvermö-gens und der prinzipiell gleichen Teilhabe aller Menschen an ihm?

Zweisprachigen geht es etwas so wie den Frauen. Als in den siebziger Jahren Weiblichkeit ein Forschungsgegenstand, Feminismus ein Politikum wurden, sahen sich die AktivistIn-nen auf diesem Gebiet immer wieder gezwungen zu betonen, daß ja schließlich mehr als die Hälfte der Menschheit weib-lichen Geschlechts ist. Diese Botschaft hat inzwischen recht breite Kreise erreicht, den Zweisprachigen aber fehlt eine femi-nistische Lobby. Im öffentlichen Bewußtsein und in der For-schung werden sie immer noch so behandelt wie Sonderfälle, Abweichungen von der Norm, und zwar eher unwillkom-mene: Schwule, Wirtschaftsasylanten und Zweisprachige, so ungefähr. Das sei übertrieben? Nehmen wir folgendes Bei-spiel.

Wir schreiben August 1995. In Amarillo, Texas, zeiht Samuel Kiser, Bezirksrichter seines Amtes, Martha Laureano einer Form der Kindesmißhandlung (*child abuse*), weil sie mit ihrer fünfjährigen Tochter, einer »Vollblut-Amerikanerin«, wie er betont, Spanisch spräche. Laureano, selbst englisch-spanisch-zweisprachig, sprach mit der Tochter zuhause Spanisch, um auch sie zweisprachig aufwachsen zu lassen. Das fand der Richter Grund genug, ihr die Entziehung des Sorgerechts anzudrohen und die Auflage zu machen, von Stund an Englisch mit dem Kind zu sprechen. Ob sie denn wolle, daß das Kind sein Leben als Dienstmädchen fristen werde, wußte er die Mutter bei der Gelegenheit auch noch zu fragen. »Als ich dort war«, bekannte Martha Laureano der Presse, »und er diese Dinge zu mir sagte, fühlte ich mich erniedrigt.« (*San Jose Mercury News*, 30.08.1995) Was Wunder.

Dieses Beispiel wird hier nicht zitiert, weil es etwas über die ungelösten Probleme des ethnischen Schmelztiegels oder Flikkenteppichs der Vereinigten Staaten besagt, sondern weil es deutlich macht, daß man nicht lange in der Geschichte zurückzugehen braucht, um Beweise für negative, ja offen diskriminatorische Haltungen gegenüber Zweisprachigen zu finden, auch seitens wichtiger Vertreter des Staates. Es gibt keinen Grund anzunehmen, daß in Amerika die Intoleranz in dieser Hinsicht größer sei als in anderen westlichen Ländern. Oft genug wird Zweisprachigkeit als Handicap angesehen, der Zweisprachige als bunter Hund oder heimatloser Geselle, der sein Mäntelchen nach dem Wind hängt.

Wo in Volkszählungen Sprachdaten erfaßt werden, ist der Zweisprachige meist nicht vorgesehen. Selbst das als solches gerühmte Musterland der Mehrsprachigkeit, die Schweiz, räumt ihm auf dieser Ebene keine Existenzberechtigung ein. Die eidgenössische Volkszählung von 1970 etwa fragte nach *der* »Muttersprache«, wobei folgende Kriterien angegeben wurden:

Als Muttersprache gilt jede Sprache, in der man denkt und die man am besten beherrscht. Für Kinder, die noch nicht sprechen können, ist die Sprache der Mutter maßgebend. Jede Person hat nur eine Sprache anzugeben, auch wenn sie mehrere Sprachen beherrscht (*Eidgenössische Volkszählung 1970*, Bern: Eidgenössisches Statistisches Amt).

Dabei ist die halbe Welt zwei- oder mehrsprachig, nicht nur

die Schweiz, und zwar sowohl auf individueller als auch auf gesellschaftlicher Ebene. Wer ist in Afrika zweisprachig? Myers-Scotton (1993b: 33) antwortet, daß es zwar einsprachige Personen gäbe, der typische Afrikaner aber mindestens eine Sprache außer der zuerst erworbenen beherrsche, oft zwei oder drei. In Südasien war bodenständige, stabile Zwei- oder Mehrsprachigkeit schon immer die Norm (D'souza 1992: 19). Informierten Schätzungen zufolge kennzeichnet der regelmäßige Gebrauch von mehr als einer Sprache den Alltag von mindestens der Hälfte der Weltbevölkerung. Dennoch funktionieren die Sprachwissenschaften – von marginalen Bereichen abgesehen – unter der Prämisse der Einsprachigkeit. Der einsprachige Mensch und die einsprachige Gesellschaft sind die Norm, an der sich die Grundvorstellungen von der Sprache als Fähigkeit des Individuums, von ihrer Speicherung und Verarbeitung im menschlichen Gehirn und von ihrer Rolle in der Gesellschaft ausrichten. »Einsprachigkeit« als Buchtitel stieße auf Unverständnis, bestenfalls auf Verwunderung, »Zweisprachigkeit« nicht.

Die Koexistenz mehrerer Sprachen in der Gesellschaft und dem individuellen Sprachverhalten tritt in verschiedenen Mustern in Erscheinung.

- Krämerzweisprachigkeit: Der ehemalige Gastarbeiter verkauft dem deutschen Touristen in Benidorm ein Wiener Schnitzel auf deutsch, spricht mit den Einheimischen aber Spanisch. Der Kunde hat immer recht – man spricht seine Sprache.
- Minderheitenzweisprachigkeit: Unter sich sprechen viele Friesen in Leeuwarden Friesisch, aber sie sind alle zweisprachig und passen sich im Umgang mit Nicht-Friesen der Mehrheitssprache der Umgebung an, Niederländisch. Die anderen Niederländer aber, selbst die, die in der Provinz Friesland wohnen, sprechen in aller Regel nicht Friesisch.
- Passive Zweisprachigkeit: Jeder spricht die Sprache, die er am besten beherrscht im Vertrauen darauf, daß er verstanden wird: ein Gespräch, zwei Sprachen.

– About my school, mum,
dit l'enfant en marchant
vers l'arrêt d'autobus.
– Oui? dit la maman.
– It's a great school, isn't it?

– Oui, c'est une école formi-
dable, répond-elle avec
sincérité.
– The best school in town?

– La meilleure de la ville,
oui.

– Meine Schule, Mami, sagte
das Kind, als sie zur Bus-
haltestelle gingen.
– Ja? sagte die Mama.
– Es ist eine gute Schule,
nicht?
– Ja, es ist eine hervorra-
gende Schule, antwortete
sie ernsthaft.
– Die beste Schule der
Stadt?
– Ja, die beste Schule der
Stadt.

(Fleutiaux 1994: 23)

- Private Zweisprachigkeit: Die Tochter eines in Berlin lebenden amerikanischen Journalistenehepaars spricht zu Hause Englisch, besucht aber eine deutsche Schule und hat hauptsächlich deutschsprachige Freunde.
- Offizielle Zweisprachigkeit: Der Standesbeamte in Brüssel bedient den Flamen auf niederländisch, den Wallonen auf französisch. Der belgische König hält die Thronrede auf niederländisch, französisch und deutsch.
- Übergangszweisprachigkeit: Der bretonische Fischer spricht mit seinesgleichen auf dem Schiff und im Hafen wie auch mit seinen Eltern Bretonisch, mit seinen Kindern, die eine französischsprachige Schule besuchen, aber Französisch.
- Diskursinterne Zweisprachigkeit: Zwei senegalesische Kaufleute schließen in Dakar ein Geschäft ab. Im Verhandlungsgespräch benutzen beide sowohl Wolof als auch Französisch, wobei sie mehrmals zwischen den Sprachen hin- und herwechseln. Diese Wechsel geschehen manchmal innerhalb, manchmal nach Beendigung eines Satzes. Gespräche in alternierenden Sprachen zu führen, ist in mehrsprachigen Gemeinschaften nicht ungewöhnlich. Diese Praxis wird »Sprachwechseln« oder »Codewechseln« genannt.

Neben diesen Mustern, die auf oft verwendeten Strategien des Gebrauchs zweier oder mehrerer Sprachen beruhen, gibt es viele andere, die weniger typisch sind und manchmal exotisch anmuten: Die Mutter, die ihre Kinder auf griechisch liebkost, sonst aber mit ihnen Deutsch spricht; Goethes Schwester, die sich ihrem Tagebuch nur auf französisch anvertraute; das aus den Niederlanden bzw. Deutschland stammende, in Washington lebende Paar, das Montags, Dienstags und Mittwochs Deutsch, Donnerstags, Freitags, Sonnabends Niederländisch und Sonntags oder wenn Gäste kommen, Englisch spricht; die emblematische Zweisprachigkeit des im Ausland lebenden Iren, der im Gespräch mit Freunden in Dublin einige irische Wörter einstreut; die schlummernde Zweisprachigkeit des mit zwölf Jahren nach Amerika emigrierten Deutschen, der die bis dahin ausschließlich gesprochene deutsche Sprache jahrzehntelang nicht benutzt hat und bei dem Versuch, sie zu reaktivieren, in seinem Ausdrucksvermögen gehemmt ist; die Chamäleon-Zweisprachigkeit des straßburger Politikers, der sich seinen Gesprächspartnern bis auf Akzent und Tonfall anpaßt, gleichviel ob sie Französisch, Deutsch oder die elsässer Mundart sprechen; und so weiter.

Der nicht auf eine einzige Sprache reduzierte kommunikative Alltag ist für viele Menschen die Normalität. Aus den diversen sprachlichen Ressourcen zu schöpfen, die ihre Umgebung bietet, kennzeichnet ihr verbales Verhalten, das im hiesigen Zusammenhang von besonderem Interesse ist, weil der im zweisprachigen Individuum stattfindende Sprachkontakt Auswirkungen auf das sprachliche Repertoire der Gemeinschaft hat. Der Zweisprachige verfügt über die Ausdrucksmittel von außen als verschieden und getrennt angesehener Codes, wodurch er die Möglichkeit hat, aber auch dazu gezwungen ist, zwischen ihnen zu wählen. Die Wahl, die er trifft, kann verschiedene Konsequenzen haben.

Sie kann den Wortschatz einer Sprache durch Inkorporation von Wörtern einer anderen bereichern. Jedes von einer Sprache in eine andere übernommene Wort wird von irgendeinem Sprecher irgendwann zum ersten Mal im Kontext dieser Sprache gebraucht. Dabei kann es bleiben, es kann aber auch der erste Schritt zur Integration dieses Wortes sein. Aus einer Idiosynkrasie kann ein Bestandteil des allgemeinen Repertoires werden.

Umgekehrt kann die regelmäßige Bevorzugung einer Sprache für bestimmte Gegenstandsbereiche dazu führen, daß in der anderen dafür keine geeigneten Ausdrucksmittel entwickelt werden, in der Sprache des Individuums oder der Gesellschaft. Auf lange Sicht kann die Verkümmerung des Ausdruckspotentials der partiell stillgelegten Sprache die Folge sein und letzten Endes ihre Verdrängung durch die bevorzugte Sprache.

Die Wahl, die Zweisprachige aus ihren verbalen Ressourcen treffen, kann aber auch in einer relativ stabilen und ausgeglichenen Symbiose zweier Codes in einer Sprachgemeinschaft resultieren, die jeden, der nur einen von beiden beherrscht, als Außenseiter auffallen läßt.

In keinem Fall hat der Gebrauch mehrerer Sprachen seitens eines Individuums oder in einer Gruppe zufälligen Charakter. Die Verteilung der betroffenen Sprachen in der gesellschaftlichen Interaktion folgt Mustern und Regeln, denen die einzelnen Sprecher gehorchen oder von denen sie abweichen. Für die Wahl, die der Zweisprachige an jeder Stelle seiner Rede trifft, gibt es Gründe, die aufzudecken eines der interessantesten Projekte der gegenwärtigen Sprachwissenschaft ist.

Un garçon
Bel et bon
Par avanture se trouva
Et s'y preta
Et la frotta
La bien choffa
Que rhume bientot s'en vola.
Le Divin! la Divine!
Medecin! Medicine!

Molto andante
Hat alles seine Zeit

Das nahe wird weit
Das Warme wird kalt
Der Junge wird alt
Das Kalte wird warm
Der Reiche wird arm
Der Narre gescheut
Alles zu seiner Zeit.

Con espressione
Ein Weiblein der Sybillenschar
Drohte mit Gefahr Gefahr
Von schwarzen Augen im Januar

Johann Wolfgang von Goethe

Sprachwechseln

Wir definieren Sprachwechseln als Übergang von einer Sprache zur anderen innerhalb eines Gesprächs bzw. als Wahl von Ausdrucksformen einer Sprache innerhalb eines Gesprächs, das in einer anderen geführt wird.

– Kinder marokkanischer Gastarbeiter in Rotterdam sprechen marokkanisches Arabisch miteinander, benutzen aber gelegentlich niederländische Wörter oder auch längere Ausdrücke. Wenn niederländische Kinder dazukommen, wechseln sie zum Niederländischen, benutzen aber, wenn sie einander direkt ansprechen, manche arabischen Wörter.

– Clau Solèr (1983 : 9) berichtet von einem Gespräch mit einigen Graubündner Frauen über Wildbeeren: »Eine Lumbreinerin forderte mich in romanischer Sprache auf, die Beeren anzuschauen, um sie zu bestimmen. Die Sammlerin erklärte mir auf deutsch den Fundort und beantwortete die romanisch an sie gerichtete Frage ebenfalls in deutscher Sprache. Bei einer komplizierten Frage wünschte sie eine deutsche Fassung mit der Begründung, daß diese Frage zu kompliziert sei. Die einheimischen Frauen redeten unterdessen mit der Sammlerin Deutsch, untereinander und mit mir Romanisch.«

– Drei jugendliche Freunde aus Soweto in Südafrika werden danach gefragt, in welcher Sprache sie miteinander umgehen. Sam spricht in seiner Einlassung Sotho, die Sprache, in der die Frage gestellt wurde, wechselt aber einmal ins Englische. Er sagt, daß sie alle Sprachen sprächen. Lawson widerspricht ihm, wobei er mit Sotho beginnt und dann zu Zulu übergeht. Titus schließlich beginnt seinen Beitrag zu diesem Gespräch Zulu sprechend, um dann ins Sotho zu wechseln, wobei er einige englische Wörter benutzt (Finlayson/Slabbert 1995).

Wie läßt sich solches Sprachverhalten erklären? Warum wechseln Sprecher an bestimmten Stellen des Gesprächs von einer Sprache in die andere? Was haben sie davon, mehrere Sprachen zu benutzen statt nur einer? Ist das in bezug auf die fraglichen Sprecher überhaupt eine richtig gestellte Frage? Erfahren sie ihre eigene Rede als aus Elementen mehrerer Sprachen zusammengestückelt?

Beginnen wir mit der letzten Frage. Es ist eine bekannte Tatsache, daß Sprechen zum Teil auf Automatismen beruht, weswegen viele Aspekte der Sprechtätigkeit normalerweise ohne bewußte Steuerung ausgeführt werden. Dessenungeachtet gibt es jedoch Gründe, das Phänomen des Sprachwechselns als ein Alternieren zwischen zwei oder mehreren Codes zu betrachten und nicht als einen aus verschiedenen Quellen zusammengemanschten Sprachbrei. Untersuchungen haben gezeigt, daß der Wechsel oft absichtsvoll vollzogen wird. Von taktischem Codewechseln machen Sprecher Gebrauch, um ihrer Rede einen bestimmten Charakter zu geben, um die Beziehung zu ihrem Gesprächspartner auf eine bestimmte Weise zu definieren oder um den Adressatenkreis einzugrenzen. Außerdem sind sich Sprecher, die regelmäßig sprachwechselnd kommunizieren, bewußt, daß manche Sprecher nur einen der von ihnen verwendeten Codes beherrschen. Sprachwechsler erkennen die Integrität der einzelnen Codes, aber sie respektieren ihre Aufrechterhaltung nicht als Norm des kommunikativen Verhaltens. Warum nicht?

Option oder Notwendigkeit?

Die allgemeinste utilitaristische Erklärung ist, daß Codewechsler nicht wechseln würden, wenn es nicht nötig wäre, wenn sie damit also nicht ihrerseits oder bezüglich ihres Gesprächspartners eine Bedingung erfolgreichen Kommunizierens erfüllen würden. An dieser Stelle setzen Hypothesen an, die Codewechsel als Folge mangelnder Kompetenz des Zweisprachigen erklären: Immer, wenn er in der einen Sprache nicht weiterkommt, wechselt er in die andere. In diesem Zusammenhang wird manchmal hervorgehoben, daß Zweisprachigkeit niemals vollkommen und im Gleichgewicht sei, in dem Sinne, daß der Sprecher in beiden Sprachen gleich und so kompetent ist wie ein Einsprachiger in seiner einen Sprache. Zweifellos variiert die Kompetenz Zweisprachiger in beträchtlichem Maße und zwar sowohl was die Beherrschung der beiden Sprachen als auch was das Geschick ihrer koordinierten Alternation betrifft. Hier ist mit einem Kontinuum zu rechnen, das von dem Sprecher, der keine Sprache gänzlich beherrscht, bis zu dem mit vollentwickelter Ausdrucksfähigkeit in beiden reicht. Daß Zweisprachigkeit für die geistige Entwicklung des Kindes ein Handicap sei, wie manchmal behauptet worden ist (vgl. Kap 3: 67 f.), läßt sich aber auf dem Stand der Erkenntnisse nicht nachweisen. Denn daß der Einsprachige nicht inkompetent sein könne, ist nicht mehr als eine definitorische Festlegung, für die sich bei näherer Betrachtung wenige gute Argumente finden lassen. Die entwickelte Sprachkompetenz weist individuelle Abstufungen auf, bei Einsprachigen ebenso wie bei Zweisprachigen. Da Codewechseln bei Sprechern aller Kompetenzniveaus in den fraglichen Sprachen beobachtet wird, ist die Hypothese vom Ausweichen auf die andere Sprache bei unzulänglicher Kompetenz in der einen auf keinen Fall flächendeckend. Sie kann nur einen Teil des

Codewechselverhaltens erklären, und nicht unbedingt den für das Phänomen als solches interessantesten. Denn viele Untersuchungen haben gezeigt, daß die Häufigkeit des Sprachwechselns mit der Kompetenz der Sprecher korreliert: Je besser ein Sprecher die Sprachen eines mehrsprachigen Milieus beherrscht, desto häufiger wechselt er von einer in die andere. Sprachwechseln ist also mehr eine zusätzliche Fertigkeit des Zweisprachigen als eine Kompensation mangelnder Fertigkeit. Daß größere Kompetenz mit mehr Wechseln einhergeht, deutet daraufhin, daß Sprachwechseln für Zweisprachige eine Option ist, die sie willentlich und nicht der Not gehorchend wahrnehmen.

In manchen Fällen ist es überdies schwierig, eine klare Unterscheidung zwischen auf eingeschränkter Sprecherkompetenz beruhendem Ausweichen und sprachliche Gegebenheiten reflektierendem Wechseln zu machen. Wechselt der bengalische Chemie-Student, wenn er mit seinen Eltern über sein Studium spricht, vom Bengalischen ins Englische, weil ihm die bengalischen Worte fehlen oder weil dem Bengalischen die Worte fehlen? Beides greift oft ineinander und resultiert in einer domänenspezifischen Arbeitsteilung der Sprachen im mehrsprachigen Milieu, die auf den individuellen Sprachgebrauch beschränkt sein kann oder in der ganzen Sprachgemeinschaft konventionell praktiziert wird. In letzterem Fall hat die Sprachenwahl des einzelnen eine starke soziale Determinante, denn es gibt etablierte Erwartungen bezüglich des Gebrauchs der Sprachen in sozial definierten Situationen bzw. Kommunikationsdomänen: Türkisch im Café Günyadin in Kreuzberg, Deutsch am Arbeitsplatz in der Neuköllner Spedition. Wo sich die Domänen überlappen – mit einem deutschen Gast im Café, mit türkischen Kollegen am Arbeitsplatz – wird gewechselt. Ein Teil des Sprachwechselverhaltens läßt sich somit als domänen-, situations- oder partnerspezifische Sprachenwahl erklären.

Viele Zweisprachige entwickeln aufgrund der Assoziation ihrer Sprachen mit Domänen wie Familie, Arbeitsplatz, Schule, Kirche, Markt bestimmte Präferenzen und einseitige Kompetenzen. Obwohl sie sich selbst als völlig zweisprachig einschätzt, fällt es Esperanza aus Schwäbisch Hall leichter, über familiäre Angelegenheiten auf spanisch zu sprechen, während Deutsch ihre dominante Sprache ist, wenn sie über Dinge spricht, die das Verlagswesen betreffen, ihre berufliche Domäne. Wo Einsprachige den Stil, das Register ändern, vollziehen Zweisprachige den auffälligeren Wechsel zwischen Sprachen.

Aushandeln

Natürlich richtet sich die Dynamik der Gesprächsführung und die Verwendung der Sprachen auch nach den beteiligten Personen und ihren vermuteten oder tatsächlichen Sprachkenntnissen. Bei ersten Begegnungen in mehrsprachigen Umgebungen tasten sich die Sprecher gewöhnlich erst einmal daraufhin ab. Die Sprachenwahl wird ausgehandelt, wobei oft der einfachen Maxime gefolgt wird, den Code zu wählen, den alle Beteiligten am besten beherrschen bzw. mit dem die wenigsten Gesprächsteilnehmer Schwierigkeiten haben. Alle Sprecher haben die Neigung, sich in ihrem Sprachverhalten dem/den Gesprächspartner(n) anzupassen. Kinder sprechen mit Kindern anders als mit Erwachsenen, Erwachsene mit Erwachsenen anders als mit Kindern. Der Stil des Vertreters, der seine Kunden einseift, unterscheidet sich deutlich von dem, den er benutzt, wenn er mit seinem Chef spricht. Und so weiter. So gesehen, ist jedes Gespräch ein gegenseitiges Anpassen der Sprecher aneinander. Mehrsprachige Milieus stellen da keine Ausnahme dar. In normaler kooperativer Kommunikation, d. h. wenn gesprochen wird, damit verstanden wird und nicht etwa, damit nicht verstanden wird, suchen die Beteiligten eine gemeinsame Grundlage. Wer in der Wahl der Ausdrucksmittel mehr entgegenkommen kann, tut es. Sprachwechseln kann als ein diesem Prinzip gehorchendes Verhalten interpretiert werden. Der Sprecher wechselt, wenn er damit die Kommunikation erleichtern, der Verständigung dienlich sein kann; wie die marokkanischen Kinder in Rotterdam, die zum Niederländischen wechseln, wenn holländische Kinder dazukommen.

Macht

Allerdings sind die Karten für das Verhandlungsspiel meist nicht gleich verteilt. Die marokkanischen Kinder passen sich ihren niederländischen Altersgenossen an, nicht umgekehrt. Das reflektiert die unterschiedliche Gebräuchlichkeit der niederländischen und arabischen Sprache in Holland, aber es reflektiert auch einen Unterschied in der sozialen und wirtschaftlichen Macht ihrer Sprecher. Sprachwechsel ist Ausdruck eines Machtgefälles; das ist ein Erklärungsansatz, der die gesellschaftlichen Voraussetzungen und die gesellschaftliche Bedeutung alles sprachlichen Handelns betont. Die sprachliche Anpassung, die in multilingualen Milieus unweigerlich geschieht, ist niemals symmetrisch. So wie beim Handel zwischen zwei Ländern die Transaktionskosten immer größtenteils von dem kleineren Partner getragen werden, wird der größte Teil der sprachlichen Anpassung in mehrsprachigen Situationen typischerweise von dem schwächeren Gesprächsteilnehmer geleistet. Wenn deutsch- und kroatischsprachige Österreicher im Burgenland miteinander umgehen, wird Deutsch gesprochen. Kodewechseln vom Kroatischen ins Deutsche ist häufig, in der umgekehrten Richtung kommt es fast nicht vor. In Graubünden ist der Normalfall, daß sich Romanischsprachige auf Deutschsprachige einstellen, während von letzteren nicht erwartet wird, daß sie zu einer entsprechenden Anpassung überhaupt fähig sind. Die Größe der Sprachgemeinschaften spielt dabei eine Rolle ebenso wie ihr relativer sozioökonomischer Status. Die Kleinen passen sich den Großen an. In gemischten Gruppen wird gewöhnlich die Sprache der größeren bzw. mächtigeren gesprochen. Für Migranten – die Marokkaner in den Niederlanden und all ihre Gastarbeiterkollegen in den westeuropäischen Ländern – gilt das ebenso wie für autochthone Minderheitengruppen. Der Anteil der Swahilisprecher ist in Kenias Sprachminderheiten größer als unter Sprechern größerer Sprachen wie Luo oder Gĩkũyũ (Heine 1980: 64). Diese Beobachtung läßt sich so verallgemeinern: Die Bereitschaft bzw. Notwendigkeit, sich zusätzliche Sprachen zu eigen zu machen, ist desto größer, je geringer die Zahl der Anderssprachigen ist, die die Sprache der fraglichen Gruppe erwerben. Daraus folgt, daß Sprachwechselmuster zum Teil voraussagbar sind, wenn man die Zusammensetzung einer mehrsprachigen Gemeinschaft hinsichtlich der Größe und des sozioökonomischen Status ihrer Subgruppen kennt.

Freilich kommt es zum koordinierten Gebrauch mehrerer Sprachen auch in Gemeinschaften, die nicht durch ein mit sprachlichen oder ethnischen Gruppen verbundenes Machtgefälle gekennzeichnet sind. Mehrsprachige urbane Milieus in Südafrika und Indien sind Beispiele; nicht gerade ein herrschaftsfreier Diskurs, aber ein sozialer Umgang, der nicht primär durch Macht und Status von Sprachgruppen charakterisiert ist. Mehrsprachigkeit wird dort anders als unter den Prämissen der alles beherrschenden einen Nationalsprache durchaus positiv bewertet und die Fähigkeit, sich im mehrsprachigen Milieu frei bewegen zu können, auch. Dazu gehört kompetentes Sprachwechseln. Daß es dafür eine spezifische Kompetenz gibt, die nicht unbedingt jeder hat, der die fraglichen Sprachen beherrscht, ist eine der wichtigsten Erkenntnisse, die die Mehrsprachigkeitsforschung zutage gefördert hat.

Abgrenzung und Zugehörigkeit

Codewechsler haben wie alle Sprecher bestimmte Vorstellungen davon, welche Wirkungen die Wahl welcher Wörter in welchen Situationen hat, und sie wählen auf der Grundlage dieses Wissens. Sprachwechseln vermittelt also bestimmte Botschaften. Durch Inkorporation der Sprache des Gesprächspartners in die der eigenen Rede kann ein Sprecher seine entgegenkommende, kooperative Haltung signalisieren. Das von Finlayson und Slabbert (1995) untersuchte höchst komplexe Sprachwechselverhalten südafrikanischer Jugendlicher zeugt von einer solchen Haltung in Situationen, wo keine der involvierten drei bis fünf Sprachen eine offensichtlich dominante Position einnimmt. Die Teilnehmer definieren durch ihr akkommodierendes Sprachwechseln die soziale Situation als eine solche, in der die ethnischen Unterschiede zwischen ihnen gegenüber der Gemeinsamkeit des Gesprächs in den Hintergrund treten.

Umgekehrt wird das Codewechseln auch eingesetzt, um Unterschiede zu prononcieren. In Straßburg sprechen Mitglieder der älteren und mittleren Generation Französisch und Elsässisch. Wechsel zwischen beiden sind indikativ dafür, mit welcher Gruppe die Sprecher assoziiert werden wollen bzw. welche Seite ihres mehrsprachigen Selbst sie herauskehren wollen. Gardner-Chloros betrachtet das Sprachwechseln bzw. die situationsspezifische Sprachenwahl in Straßburg als Ausdruck der Individualität der Sprecher, die darin ein Mittel sehen, ihre soziale Person darzustellen. »Der soziolinguistische Ansatz birgt die wohlbekannte Gefahr, bei dem Versuch, ein Bild von der Gruppe zu zeichnen, den Blick auf wichtige individuelle Variation zu verstellen.« (Gardner-Chloros 1991: 190) Um dem Phänomen gerecht zu werden, ist es in der Tat wichtig, jedes Sprechwechseln als einen Akt individueller Entscheidung zu begreifen, der von funktionalen Faktoren, die die Effizienz der Kommunikation betreffen, ebenso beeinflußt wird wie von symbolischen, die mit der Signalisierung partnerbezogener Haltungen und mit der Selbstdarstellung des Sprechers zu tun haben. Eben dadurch aber haben die individuellen Entscheidungen aber auch einen sozialen Charakter, und der offenbart sich darin, daß Sprachwechselverhalten nicht in zufälliger Verteilung vorkommt, sondern, wenn man die Beobachtung über das individuelle Gespräch ausdehnt, Tendenzen und Muster aufweist.

Auffälliges und unauffälliges Codewechseln

Alles Sprachverhalten ist durch das Spannungsverhältnis zwischen sozialen Normen und ihrer individuellen Befolgung, Verletzung oder Veränderung gekennzeichnet, auch das Sprachwechseln. Hier setzt das bislang einzige Erklärungsmodell an, das mehr anstrebt als eine Auflistung der diversen Faktoren, die dieser spezifischen Art des Sprachverhaltens zugrundeliegen. Das von Carol Myers-Scotton (1993b) entwickelte Modell geht davon aus, daß das Sprachverhalten von Individuen in den Normen ihrer Gemeinschaft gründet, wobei sie es im einzelnen nach den mit den anderen Mitgliedern der Gemeinschaft geteilten Vorstellungen von angepaßter und auffälliger Ausdruckswahl ausrichten. Normales bzw. normgerechtes Sprachverhalten ist unauffällig; es bewegt sich im Rahmen der erwartbaren Wahlmöglichkeiten. In vielen Fällen, und Myers-Scotton stützt sich dabei hauptsächlich auf Beobachtungen in mehrsprachigen Milieus des anglophonen Afrikas, fällt Sprachwechseln in diese Kategorie; es stellt eine unauffällige Ausdruckswahl, ein den Normen der Gemeinschaft angepaßtes Sprachverhalten dar. Die angepaßte oder, wie sie sagt, »unmarkierte« Wahl ist sicherer, da mit weniger Unwägbarkeiten des Gesprächsablaufs verbunden. Sie kostet den Sprecher in diesem Sinne weniger und wird deshalb bevorzugt. Dies ist eine utilitaristische Erklärung des Sprachverhaltens, die den Vorzug hat, daß sie sich auf jede Form des Codewechselns bezieht und nicht auf ad hoc-Analysen beruht. Die Häufigkeit des Phänomens in den mehrsprachigen Städten Kenias und Simbabwes hat die Einsicht erleichtert, daß Codewechseln nicht als Normverletzung, nämlich als Sprengung der Grenzen eines Codes verstanden werden muß, sondern in vielen Fällen eine normgerechte Ausdruckswahl darstellt. Dadurch, daß sie diesem Umstand nicht nur Rechnung trägt, sondern ihn zum Ausgangspunkt ihres Modells macht, enthebt Myers-Scotton den größten Teil des Sprachwechselverhaltens auf einen Schlag der Notwendigkeit fallspezifischer Erklärungen. Denn wenn unterstellt wird, daß eine der wichtigsten Funktionen der Sprache ist, Gesellschaft zu stiften, verlangt angepaßtes, normgerechtes Sprachverhalten nicht nach Erklärung, sondern nur unangepaßtes Verhalten, das von den Gruppenmitgliedern selbst als auffällig betrachtet wird.

Eine bestimmte Ausdruckswahl als auffällig (markiert) oder unauffällig zu erkennen bzw. sie auf einer Auffälligkeitsskala zu lokalisieren, entspricht einer angeborenen kognitiven Fähigkeit aller Menschen. Sie bildet einen Bestandteil ihrer kommunikativen Kompetenz, zu der es unter anderem gehört, jede Ausdruckswahl als mehr oder weniger auffällig bzw. normgerecht einschätzen zu können. Ähnlich wie die Sprachfähigkeit universell ist, aber nur in der Übernahme der Sprechgewohnheiten einer Gruppe entfaltet wird, ist die Fähigkeit, Auffälligkeitsskalen anzuwenden, universell, wird jedoch nur durch soziale Erfahrung im Bezug auf eine bestimmte Gemeinschaft entwickelt. Auffällig ist eine Codewahl also allein bezüglich bestimmter Gespräche in einer bestimmten Gemeinschaft. Im Zweisprachigen Milieu ist Codewechseln zumeist unauffällig, während ein Sprachverhalten, das keinerlei Wechsel beinhaltet, auffällig ist. So gesehen ist Codewechseln etwas ganz anderes, als die Verwendung einer zusätzlichen Sprache in einem gewöhnlich auf eine Sprache beschränkten Milieu.

Die Unauffälligkeit des Codewechselns in der zweisprachigen Gemeinschaft bedeutet für das zweisprachige Individuum, daß es jede Äußerung als mehr oder weniger unauffällig verarbeitet, dabei seine Aufmerksamkeit aber nicht unbedingt auf die analytisch von einander unterschiedenen Codes richtet. Auf der Gundlage seiner Beobachtungen im zweisprachigen Graubünden betont Solèr (1994) den analytischen Charakter dieser Trennung. »Der Romanischsprecher spricht nach komplexen Strategien Romanisch und Deutsch. Er hat ein duales Kommunikationssystem integriert und die Idee drängt sich auf, von einem globalen Sprachsystem auszugehen. Die Aufteilung in zwei Sprachen ist ja ohnehin nur philologisch begründbar, dem Zeitablauf unterworfen, und wird von den Sprachverwendern häufig nicht oder falsch erkannt.«

Sprachliche Regeln

Dafür, daß dem Sprachverhalten des habituellen Codewechslers ein integriertes Sprachsystem zugrundeliegt, spricht noch ein anderer Befund. Nicht jeder Wechsel im zweisprachigen Milieu ist unauffällig. Wechseln kann durchaus auffällig sein, in zweierlei Hinsicht: es kann gegen soziale Normen verstoßen, z.B. die konventionelle Präferenz für eine Varietät in einer Kommunikationsdomäne, und es kann sprachliche Regeln verletzen. Codewechseln hat mit anderen Worten eine Grammatik, ist bezüglich der möglichen Übergänge und Kombinationen von Wörtern nicht willkürlich. Es gibt kompetentes Sprachwechselverhalten ebenso, wie es kompetentes Sprachverhalten im einsprachigen Milieu gibt. Wie das Verhältnis der im regelmäßigen Wechsel miteinander interagierenden Codes beschaffen ist, wie die Grammatik des Sprachwechselns aussieht, ist eine der drängendsten Fragen der Zweisprachigkeitsforschung. Manches deutet darauf hin, daß beim Sprachwechseln stets die grammatischen Regeln der einen Sprache Vorrang haben, ähnlich wie bei der Entlehnung. Myers-Scotton (1993a) nennt diese Sprache die »Matrixsprache« des Codewechselns. Wird ein Wort aus einer anderen Sprache integriert, benutzen die Sprecher es nach den Regeln der eigenen: Mit einer regelmäßigen deutschen Verbendung wird aus englisch *to jog* das deutsche *joggen*. Anders als beim Entlehnen wird beim Codewechseln freilich das Material der integrierten Sprache typischerweise nicht morphologisch oder phonologisch angepaßt. Es scheint jedoch Tendenzen zu geben, satzinterne Übergänge nicht an solchen Stellen zu vollziehen, wo durch die Inkongruenz der grammatischen Regeln beider Sprachen die der inkorporierenden verletzt würden. Die Forschung steht hier noch am Anfang, aber es liegen genug Beobachtungen vor, die die Annahme einer sprachinternen Systematik des Codewechselns stützen.

Unauffälliges Codewechseln folgt also, können wir zusammenfassend festhalten, sozialen Normen und sprachlichen Regeln. Letztere beinhalten die grammatischen Regeln der fraglichen Codes sowie die des wohlkoordinierten Alternierens. Normales Sprach(wechsel)verhalten ist unauffällig, der normale Sprecher angepaßt. Anders formuliert, unauffällig bzw. angepaßt ist das Verhalten, das von den meisten Sprechern in den meisten Situationen bevorzugt und deshalb erwartet wird.

Sich anzupassen, sprachlich unauffällig zu verhalten, setzt geltende Normen voraus, die eine gewisse Stabilität haben. Für viele Zweisprachige ist das Codewechseln unauffällig, weil sie in einer codewechselnden Sprachgemeinschaft sozialisiert worden sind. Das kann freilich nicht darüber hinwegtäuschen, daß sich Sprachgebrauchsnormen ändern und daß sich das individuelle Sprachverhalten im Laufe eines Lebens wandelt. Diesbezügliche Änderungen können sehr drastischer Art sein. Sich wandelnde Muster der Mehrsprachigkeit und des Sprachwechselns können sich in einer Restrukturierung des individuellen Sprachsystems äußern und darin, daß sich die Arbeitsteilung zwischen den verwendeten Codes verschiebt. Daß die dominante Sprache eines zweisprachigen Individuums in seiner Jugend eine andere ist als in späteren Jahren seines Lebens, ist keine seltene Erscheinung. Manchmal beruhen solche Verschiebungen auf den Zufälligkeiten der individuellen Biographie. Entsprechende Verschiebungen gibt es jedoch auch auf der Ebene der Sprachgemeinschaft, denn viele Anpassungen, durch die das Individuum die Effizienz seines Sprachverhaltens mit seiner Umwelt sichert, sind für viele Sprecher dieselben. Wie für den Einzelnen kann sich daher auch für die Gemeinschaft die Arbeitsteilung der Sprachen wandeln, manchmal auf dramatische Weise.

Sprachaufgabe

Sümet lebt im Bezirk Fuyun in Xinjiang im Nordwesten Chinas. Er ist Tuvianer. Außer ihm gab es Anfang der 90er Jahre noch weitere 241 Tuvianer in dem Bezirk. In ganz China zählen die Tuvianer nicht mehr als 25 000. Bis zu seiner Pensionierung vor ein paar Jahren arbeitete Sümet am Bezirksgericht. Neben Tuvisch spricht er Kasachisch, Mongolisch und Chinesisch. Mit seiner Frau, einer Tuvianerin, die an der Grundschule Kasachisch unterrichtet, spricht er Tuvisch, aber mit ihren sechs Kindern sprechen beide Kasachisch, die Sprache der Familie und die in der Region am meisten verwendete Sprache. Kasachisch ist die erste Sprache der Kinder, die aber auch alle Chinesisch sprechen, einige zusätzlich Mongolisch. Nur die älteste Tochter versteht etwas Tuvianisch, aber sie spricht es nicht.

Herman Batibo ist Professor an der Universität von Dar es Salaam in Tansania. Er gehört einer der größeren Volksgruppen des multiethnischen Landes an, den Sukuma, die mit fast drei Millionen rund 13% der Bevölkerung des Landes stellen. Seine erste Sprache ist wie die seiner Frau Kisukuma. Er spricht außerdem Kiswahili und Englisch. Die erste Sprache seiner Kinder ist Kiswahili, die Sprache, die seit der Unabhängigkeit Tansanias 1964 von der Regierung systematisch als Nationalsprache gefördert wird. Ihre zweite Sprache ist Englisch, das in Tansania ebenfalls offiziellen Status genießt und insbesondere im Bereich der höheren Bildung unentbehrlich ist. Kisukuma verstehen die Kinder zum Teil, sprechen es aber kaum.

Die Gemeinsamkeiten der beiden Fälle sind offensichtlich. Trotz Eheschließung innerhalb der Volksgruppe verschwindet die erste Sprache der Elterngeneration aus der Familie. Im Laufe ihres Lebens haben diese Personen ihr Sprachverhalten so drastisch geändert, daß ihre erste Sprache nicht mehr ihre dominante Sprache ist und in der Kindergeneration nur noch rudimentär präsent ist.

Auf der Ebene der Sprachgemeinschaft gibt es Parallelen, aber auch Unterschiede zwischen dem asiatischen und afrikanischen Szenario. In beiden Fällen führt Sprachkontakt zur Umstrukturierung der sprachlichen Ressourcen einer Gemeinschaft, ein Prozeß, der durch Modernisierung und die damit einhergehende Festigung des Einflusses staatlicher Institutionen beschleunigt wird. Kleinere Sprachen geraten dadurch unter Druck, was sich u. a. in der Abwendung einzelner Sprecher von ihnen äußert. So weit geht die Parallele. Die Situation der Tuvianer in China ist dennoch anders als die der Sukuma in Tansania. Der Sukumaner ist ein urbanisierter Intellektueller, der außerhalb der Sprachgruppe seiner Herkunft lebt. Sein Beruf und seine sozialen Bezüge haben Kiswahili und Englisch zu den beherrschenden Sprachen seines Lebens gemacht. Auch wenn es viele Fälle wie

seinen gibt, garantieren die demographische Stärke der Volksgruppe der Sukuma und ihr kompakter Siedlungsraum im
Nordwesten des Landes, daß Kisukuma auch fürderhin einen
festen Platz als lokale Sprache Tansanias haben wird, vorläufig
jedenfalls. Der Tuvianer ist für seine Sprachgemeinschaft viel
repräsentativer. Wie er werden sich viele Tuvianer in Fuyun verhalten, was nichts anderes bedeutet, als daß Tuvianisch über kurz
oder lang aus dem Bezirk verschwinden wird. In anderen Bezir-
ken ist es ähnlich. Sümet, seine Frau und andere Tuvianer haben
es aufgegeben, die Sprachtradition fortzusetzen. »Die jüngere
Generation spricht nur Kasachisch und Chinesisch. In Familien
mit Mitgliedern über 60 wird Tuvianisch noch im täglichen
Leben benutzt, aber in Familien, in denen die ältere Generation
nicht vertreten ist, wird nur Kasachisch gesprochen. Manche
Schüler, die chinesische Schulen besuchen, weigern sich, Kasachisch zu sprechen. Sie sprechen Chinesisch.« (Zhengchun 1992:
31)

Tuvianisch ist nicht verschriftet. Weder im chinesischen Xinjiang noch im benachbarten Kasachstan, wo es auch gesprochen
wird, hat es irgendwo den Status einer dominanten Regional-
oder auch nur Lokalsprache. Tuvianisch gehört somit zu der
wachsenden Zahl der Sprachen, deren Fortbestehen zweifelhaft
ist. Umgeben von großen Schriftsprachen – Kasachisch und
Chinesisch in China, Kasachisch und Russisch in Kasachstan –,
ist es in seinem Wert für das soziale Fortkommen äußerst beschränkt, weswegen sich immer mehr Sprecher von ihm abwen-
den und andere Sprachen zur Erfüllung ihrer Kommunikationsbedürfnisse benutzen.

Durch die im zweiten Kapitel kritisierte Reifizierung von
Sprache werden viele Freunde der Kleinsprachen bzw. Intellektuelle, die Vielfalt für etwas an und für sich Gutes und Bewah-
renswertes halten, dazu verleitet, diesen Prozeß der Sprachaufgabe etwas pathetisch als »Sprachensterben« oder »Sprachen-
tod« zu bezeichnen. Die linguistische Variante des Sozialdarwi-
nismus. Dabei wird oft eine mehr das Gefühl als den Verstand
ansprechende Analogie invoziert, die nämlich mit der biologi-

schen Artenvielfalt, die hier schon wiederholt zur Sprache kam. Darwin selbst hat sie zuerst formuliert:

»Die Ausbildung verschiedener Sprachen und unterschiedlicher Arten und die Beweise, daß beide durch graduelle Prozesse entstanden sind, weisen seltsame Parallelen auf. … Sprachen können ebenso wie organische Wesen in Gruppen und Untergruppen klassifiziert werden; und beide lassen sich entweder natürlich, nach Abstammung, oder künstlich, nach anderen Charakteristika, klassifizieren. Dominante Sprachen und Dialekte verbreiten sich und führen zum allmählichen Aussterben anderer Zungen.« (Darwin 1871: 106)

Heute, betonen die Anhänger dieser Lehre, werden biologische Arten und Sprachen beide in dem Maße gefährdet, wie die menschliche Zivilisation mit all ihren positiven Errungenschaften und negativen Begleiterscheinungen ein immer dichteres Netz um diesen Globus spannt. Oberflächlich betrachtet, werden der Chinesische Flußdelphin (Lipotes vexillifer), das Bergzebra (Equus zebra zebra), der Brüllaffe (Alouatta pigra), der Haubenkranich (Grus monacha) und das Edelweiß (Leontopodium alpinum) durch dieselben Kräfte bedroht wie Tuvisch in Xinjiang, Kiongisch in Nigeria, Lacandonisch in Mexiko, Ainu in Japan und Rätoromanisch in der Schweiz. Es sind die Bedingungen der modernen Welt: Urbanität, Industrie, Handel, Wirtschaftsverflechtung, Kommunikation, Mobilität, Integration. Die Erde wird verwaltet. Fast bleibt kein Flecken mehr übrig, der nicht der Herrschaftsgewalt eines Staates untersteht, der für die Massenmedien unerreichbar ist, über den nicht wirtschaftliche Entscheidungen getroffen werden. Durch diesen Prozeß ist der Lebensraum zahlloser Tier- und Pflanzenarten zerstört oder auf ein kritisches Minimum reduziert worden, wie auch der kleiner Sprachen, die mit den größeren Nachbarn meist nicht konkurrieren können.

Allein, der Vergleich hinkt. Kleine Sprachen konkurrieren nicht mit größeren oder überhaupt mit anderen Sprachen. Sie sterben auch nicht aus, denn sie sind keine biologischen Arten und verhalten sich auch nicht wie solche. Sprachen existieren in den Köpfen ihrer Sprecher, und wenn die sie aufgeben, existieren sie nicht mehr. Das ist ein entscheidender Unterschied. Der asiatische Wildesel stirbt aus, weil er vom Menschen verdrängt wird, ohne daß er weiß, wie ihm geschieht oder dazu in der Lage wäre, Entscheidungen zu treffen, die das verhindern könnten. Bei dem ganzen Vorgang ist er nur Objekt. Die Köpfe, in denen Sprachen ihr Habitat haben, sind demgegenüber mit der Fähigkeit zu denken begabt. Daß von derselben Gebrauch gemacht wird, wenn Menschen ihr Sprachverhalten anpassen, wenn sie darauf verzichten, die Sprache ihrer Kindheit zu der ihrer Kindererziehung zu machen, sollte nicht ignoriert oder bezweifelt werden. Gewiß, viele Individuen optieren gegen die hergebrachte Sprache ihrer Eltern – manche schon im Kindesalter – , ohne zu erkennen, daß sie dadurch zur Beendigung einer sprachlichen Überlieferung beitragen. Aber manche sind sich der Konsequenzen ihrer Sprachenwahl durchaus bewußt. Sie treffen sie, obwohl sie sie in gewisser Hinsicht bedauern. Dieses Bewußtsein, mag es auch nicht in jedem individuellen Fall aktiviert sein, ist ein Potential, das dem Wildesel durchaus ermangelt.

Peter Ladefoged, ein amerikanischer Linguist, der in eigener Feldarbeit Sprachen vieler kleiner Gemeinschaften auf mehreren Kontinenten untersucht hat, berichtet von seinen Erfahrungen mit den Dahalo: »Vorigen Sommer arbeitete ich über Dahalo, eine rasch im Schwinden begriffene kuschitische Sprache, die von einigen hundert Menschen in einem ländlichen Bezirk Kenias gesprochen wird. Ich fragte einen unserer Berater, ob seine jugendlichen Söhne Dahalo sprächen. ›Nein‹, sagte er. ›Sie können es noch hören, aber nicht sprechen. Sprechen tun sie nur Swahili.‹ Er lächelte, als er das sagte und schien es nicht zu bedauern. Er war stolz darauf, daß seine Söhne zur Schule gegangen waren und Dinge wußten, die er nicht wußte. Ist es an mir, zu sagen, daß er unrecht hatte?« (Ladefoged 1992: 811)

Wie Ladefogeds Berater entscheiden viele Sprecher kleiner Sprachen, manche widerwilliger als er und alle unter dem Druck der Verhältnisse, die die größeren Sprachen begünstigen. Aber auch unter Druck gefällte Entscheidungen sind Entscheidungen. Sprecher regressiver Sprachen haben, nicht anders als andere, auch nur ein Leben, und viele von ihnen sind nicht bereit, einen Teil der begrenzten Zeit, die ihnen auf diesem Planeten bleibt, der Überlieferung einer Sprache zu widmen, die sie selbst als eine Begrenzung ihres Kommunikationsradius und damit ihrer sozialen Mobilität erfahren haben. Das mag von höherer Warte als Ausdruck unterentwickelten oder irregeleiteten Bewußtseins kritisieren oder bedauern, wer sich dazu berufen fühlt und denkt, er müsse den Söhnen des Dahalo wie denen des Brüllaffen ihr Habitat retten. Allein ist es mit dem Bewußtsein, irregeleitet oder nicht, so eine Sache. Für den Brüllaffen läßt sich da mit größerer Gewißheit sprechen.

Ein weiterer wichtiger Unterschied zwischen der Bedrohung bzw. Reduzierung der biologischen und der sprachlichen Vielfalt betrifft die Folgen. Das Verstummen des letzten Brüllaffens hat eine sehr andere Qualität als das des letzten Dahalosprechers. Abgesehen von der gewaltsamen Beendigung einer Sprachtradition durch Ausrottung der Sprecher, für die es in der Geschichte auch zahlreiche Beispiele gibt, bedeutet die Aufgabe einer Sprache ja gar nicht, daß ihre Sprecher bzw. deren Kinder verstummen. Sie verlieren nicht die menschliche Sprachfähigkeit, sondern realisieren sie mit anderen als den überkommenen Ausdrucksmitteln. Und die neuen Ausdrucksmittel sind denen, die sie ausrangieren, in vieler Hinsicht überlegen; sonst täten sie es nicht.

Codewechsel und Sprachaufgabe

Wenn der Wildesel geht, geht nicht ein Krüppel. Es hinkt nicht eine degenerierte Karrikatur ihrer selbst auf drei Beinen in die Wüste, um den letzten Atemzug zu tun. Wahrscheinlicher ist, daß der letzte Vertreter seiner Art ein durchschnittliches, vielleicht sogar ein besonders starkes Exemplar ist, das alle Eigenschaften hat, durch die sich dieselbe von anderen unterscheidet. Anders verhält es sich mit regressiven Sprachen. Was von den

Sprechern aufgegeben wird, ist nurmehr ein Schatten des Idioms, das ihre Eltern oder deren Eltern verwendeten. Es ist moribund und hat viele der distinktiven Eigenschaften eingebüßt, die es von anderen, insbesondere der Kontaktsprache, durch die seine Sprecher es ersetzen (Swahili im Falle des Dahalo, Kasachisch im Falle des Tuvinischen, Deutsch im Falle des Rätoromanischen), unterschied.

Da Sprachen nicht draußen in der Welt, sondern in den Köpfen der Menschen existieren, hängt für ihre Entwicklung alles davon ab, wie sie von ihren Sprechern benutzt werden. Einsprachige haben keine Wahl, sie sind auf ihre eine Sprache angewiesen, um all ihre Kommunikationsbedürfnisse zu erfüllen und garantieren dadurch deren Fortbestand. Zweisprachige hingegen können wählen, und sie tun es. Wegen der erwähnten, Sprachkontakt generell kennzeichnenden Asymmetrie ist schon die Zweisprachigkeit der Minderheit als Anpassung an die Mehrheit resp. die mächtigere Sprachgruppe zu verstehen. Manche Verfechter von Sprachminoritäten bzw. ihrer Sprachen erkennen in der Zweisprachigkeit deshalb zurecht den ersten Schritt zur Sprachaufgabe.

Was geschieht? Durch wachsende soziale und wirtschaftliche Integration wird eine kleine Sprachgemeinschaft, sagen wir die Rätoromanen in Graubünden, minorisiert. Deutsch, das im vorigen Jahrhundert, in manchen Dörfern noch bis Mitte dieses Jahrhunderts, als Schriftdeutsch eine fremdsprachenähnliche Rolle spielte, wird als Schweizerdeutsch zur Zweitsprache der meisten Sprecher und somit der ganzen Region. Damit ist die Möglichkeit des Sprachwechsels in allen Domänen geschaffen, in denen Romanisch gesprochen wird. Deutsch beherrscht alle Außenkontakte der Gemeinschaft und bricht langsam auch in andere Domänen des ehemals einsprachigen Milieus ein. Zunächst geschieht das fast unmerklich in Form einzelner Lehnwörter, speziell aus Gegenstandsbereichen, in denen Romanisch wenig verwendet wird. Entlehnung ist ein normaler, der Bereicherung und Adaptierung dienender Prozeß, der die Integrität der Sprache allen Puristen zum Trotz nicht zu verletzen braucht.

Dazu kommt es erst, wenn nicht mehr nur entlehnt, d.h. in das intakte Sprachsystem integriert wird, sondern die Sprecher stattdessen wechseln. Das Sprachwechseln nimmt systematische Formen an, wodurch Romanisch sukzessive aus einer Domäne nach der anderen verdrängt wird. Unter weniger ungleichen Bedingungen könnte es sich auspendeln, so daß Romanisch in der häuslichen Domäne stabil bliebe, aber, um das zu gewährleisten, sind die Domänen nicht mehr klar genug voneinander geschieden. Die Medien und die Zuwanderung von Nicht-Romanischsprechern machen es schwer, die häusliche Domäne abzuschirmen und dem Romanischen vorzubehalten, obwohl das manche, die sich seiner Erhaltung verschrieben haben, tun. Auch das ist freilich keine Gewähr dafür, daß es erhalten bleibt, denn die nächste Generation macht nicht unbedingt mit. In dem Maße, wie der Gebrauch der dominanten Sprache (Deutsch) zunimmt, erlauben viele Zweisprachige es derselben, die dominierte Sprache (Romanisch) zu beeinflussen und zwar nicht nur im Wortschatz sondern auch strukturell. Die deutsche Grammatik unterwandert die romanische Sprache. Gravierender noch als die Ersetzung romanischer durch deutsche Strukturmuster wirkt sich aber die ersatzlose Aufgabe von romanischen Strukturmustern aus. Diese Erscheinung, die in vielen regressiven Sprachen diagnostiziert worden ist, kennzeichnet ein fortgeschrittenes Stadium der endgültigen Sprachaufgabe. Dadurch, daß die dominierte Sprache an Ausdruckskraft verliert, entstehen zusätzliche Anlässe für das Codewechseln, das schließlich zur Bevorzugung der dominierenden Sprache in allen Kommunikationsdomänen führt.

Unter solchen Umständen sind Zweisprachigkeit und Codewechsel Stationen auf dem Weg zur Aufgabe einer Sprache, eine wegen des Dingcharakters, den Sprachen in den Augen vieler Menschen haben, sehr ins Auge springende Veränderung der kommunikativen Gewohnheiten einer Gemeinschaft, die letztlich darauf beruht, wie ihre Mitglieder aus den ihnen dargebotenen sprachlichen Ressourcen auswählen. Betrachten wir freilich statt der Sprache als Ding ihre Sprecher als soziale Gruppe, so erscheint dieser Prozeß nicht als Aussterben einer Art, sondern, weniger dramatisch, als kollektives Umstrukturieren der sprachlichen Ressourcen, die für die Erfüllung der Kommunikationsbedürfnisse eingesetzt werden, an der jeder einzelne mit implizitem oder explizitem Bekenntnis, also durch einen Akt der Entscheidung, Anteil hat.

Nur in seltenen Fällen wird der voluntaristische Charakter solcher Umstrukturierungsprozesse explizit gemacht. 1920 beschlossen die Ute aus Nevada und Utah in den Vereinigten Staaten auf einer Versammlung des Stammes, ihre Sprachtradition zu beenden, die hergebrachte Sprache den Kinder nicht mehr als Option anzubieten. Ute wird heute nicht mehr gesprochen. Ob das eine Folge des Beschlusses ist oder ob der nur das Unvermeidliche besiegelte, ist im nachhinein mangels Dokumentation schwer zu beurteilen. Was der Beschluß aber zweifelsfrei illustriert, ist, daß die Ute ihre Sprache nicht für eine Gottgegebenheit sondern für ein disponibles Instrument hielten, das ausgedient hatte. Mit dieser Haltung stehen sie nicht allein. Auf der Grundlage seiner ausgedehnten Untersuchungen regressiver Sprachen kommt Matthias Brenzinger (1996) zu dem Ergebnis, daß »Assimilation durch Selbstentscheidung die Hauptursache für den weltweiten Rückgang von Minderheitensprachen sein wird.« Nicht nur die Auflehnung gegen den Verfall einer Sprache und das Festhalten an ihr zeugt also von der willentlichen Beeinflussung der Sprechgewohnheiten einer Gemeinschaft durch dieselbe, sondern auch die Aufgabe einer Sprache und ihre Ersetzung durch eine andere.

VII

SPRACHE ALS BEKENNTNIS

Mir wëlle bleiwe wat mir sin.
Luxemburger Motto

Der beste Mensch is es Ärgernis, wenn er net ääch von Frankfort is.
Adolf Stoltze

The right honourable gentleman und der griechische Kommunist

Das britische House of Commons ist berühmt als Hort von Demokratie und Redefreiheit, aber auch dafür, daß letztere oft strapaziert wird, so daß der gesittete Austausch von Argumenten allgemeinem Tumult und Geschrei Platz macht. Gewisse Formen des institutionalisierten Diskurses werden allerdings auch in der hitzigsten Redeschlacht des Parlaments gewahrt. Der Kontrahent wird auf jeden Fall in der dritten Person angesprochen und zwar als *the right honourable gentleman* bzw. *member,* auch wenn der Sprecher ihn weder für honorig noch für einen Gentleman hält. Unabhängig von ihrer politischen Überzeugung halten sich die Redner an diese antiquierte Form. Sie benutzen sie nicht, um einen Inhalt zu transportieren, sondern signalisieren damit ihre Zugehörigkeit zu einer Gruppe, der der Volksvertreter von Westminster. Es gibt keine Geschäftsordnung, die das vorschreibt, aber alle neuen Abgeordneten übernehmen den Code der Gemeinschaft, zu deren Mitglied sie durch die erfolgreiche Bewerbung um ein Mandat geworden sind. Niemandem geht das Idiom der Parlamentsdebatte von Anfang an flüssig von der Zunge, denn es unterscheidet sich von allen Formen englischer Umgangssprache erheblich. Sein Gebrauch setzt bewußte Aneignung voraus, ist ein Akt des Bekenntnisses. Sprachsozialisation beinhaltet solche Akte.

Seit Adamantios Korais (1743–1833) Anfang des neunzehnten Jahrhunderts, als griechische Nationalisten sich immer lautstärker zu Wort meldeten, eine archaisierende Form des Griechischen kodifizierte, hat sich die Sprache der Hellenen in zwei polarisierten Varietäten weiterentwickelt, der zunächst wenig normierten Volkssprache, *Dimotiki*, und der altertümelnden »reinen« Sprache, *Katharevousa*. Im Laufe der Jahrzehnte, insbesondere in diesem Jahrhundert, banden diese beiden Formen des Griechischen immer deutlicher konträre politische Loyalitäten: *Katharevousa* konservative, *Dimotiki* progressive. Wer *tis pólis*, ›der Stadt‹ sagte, war Kommunist. So jedenfalls das Urteil derer, denen das nicht über die Lippen käme und die statt dessen die *Katharevousa*-Form des Genitiv femininum *tis póleos* verwenden. Seit der vergangenheitsorientierte Purismus, den die *Katharevousa* verkörpert, durch die ihn favorisierende Militärdiktatur der 60er und frühen 70er Jahre desavouiert worden ist und das griechische Parlament die *Dimotiki* 1976 zur alleinigen Amts- und Schulsprache gemacht hat, zeichnet sich eine konvergierende Entwicklung der griechischen Sprache ab. Aber manche Flexionsformen sind noch immer symbolisch aufgeladen – in den Augen derer, die sie benutzen wie auch der sie vermeidenden Betrachter.

Ererbt oder angeeignet?

Außer zum Mitteilen von Inhalten wird Sprache, was uns schon im letzten Kapitel beschäftigt hat, zur symbolischen Darstellung des Selbst und der Zugehörigkeit verwendet, mal mehr, mal weniger; und davon hängt zu einem guten Teil ab, wie Sprachen konstruiert werden und wer sich zu ihnen bekennt. Daß wir durch die Art und Weise, wie wir sprechen, unsere Herkunft verraten, ist die eine Seite; daß wir uns dadurch zu etwas bekennen, die andere. Allein, daß die Wahl der Flexionsform, des Akzents, der Worte, ja, der Sprache ein Bekenntnis ist, wird nicht selten übersehen oder absichtsvoll ignoriert. Trotz der für jeden ersichtlichen Kanalisierbarkeit sprachlichen Wandels und des eigenen Sprachgebrauchs, erscheint Sprache in den Augen vieler Betrachter als angestammtes Erbgut, mit dem man auf Gedeih und Verderb verbunden ist. Aus ihm erwächst eine Loyalität, die nicht nur einem moralischen Imperativ folgt, sondern zu der es gar keine Alternative gibt.

So jedenfalls sieht der Zusammenhang aus, wenn wir denen glauben, die ihn mit einem bestimmten Interesse beschreiben, zum Beispiel Präsident Hussain Muhammad Ershad von Bangladesh: »Die eigene Mutter, die Muttersprache und das Mutterland sind unauflösbar miteinander verbunden; Mutter und Muttersprache sind unzertrennlich, die eine zu entehren, ist dasselbe, wie die andere zu entehren.« (*The Bangladesh Observer*, 16.8.1988: 1) Im postkolonialen Diskurs, wo es um die Rivalität von Englisch und Bengalisch geht und darum, die Elite auf letzteres zu verpflichten, geben sich solche Äußerungen leicht als zweckgetrieben zu erkennen: Loyalitäten werden nicht beschrieben, sondern gefordert. Schlüsselbegriffe, hier der der Muttersprache, bleiben in einem solchen Diskurs charakteristischerweise undefiniert. Das ist wichtig, um sie als ideologische Vehikel benutzen zu können. Es wird so getan, als sei die Muttersprache eine Gegebenheit, die Gruppen auf natürliche Weise definiere: Ethnizität, Nationalität, Nation. Daß dies keineswegs von Natur aus so ist, sondern allenfalls Resultat kollektiver Entscheidungsprozesse, durch die Grenzen gezogen werden, die einen, wenn nicht gänzlich willkürlichen, so doch gesetzten mehr als nur nachgezeichneten Charakter haben, zeigt sich, wenn man von den scheinbar klaren Verhältnissen etablierter Nationalsprachen alias »Muttersprachen« absieht.

Indien zum Beispiel. Dort kongruieren Sprachgrenzen nur zu einem geringen Teil mit ethnischen bzw. Stammesgrenzen. Insbesondere unter den Minoritäten gibt es große Diskrepanzen. »Die 22 Stämme des Staates Assam haben 60 Muttersprachen, die in 40 Sprachen eingeteilt werden, und die 58 Stämme von Madhya Pradesh haben 93 Muttersprachen, die in 38 Sprachen eingeteilt werden.« (Annamalai 1990: 27) Was bedeutet hier »Sprache«, was »Muttersprache«, was »Stamm«? Wenn wir die indische Situation auf einen deutschen Hintergrund projizieren, bedeutet »Muttersprache« so etwas wie das Idiom, das der Frankfurter, der Husumer oder der Wittenberger spricht, während »Sprache« so etwas Abstraktes wie *Deutsch, Französisch* oder *Arabisch* bezeichnet. Die Verquickung von Muttersprache und Nation machte aus den Stämmen der Hessen, Holsteiner, Sachsen, Schwaben, Westfalen und Mecklenburger Deutsche, denen dann im 19. Jahrhundert durch die curriculare Annäherung von »muttersprachlichem« Unterricht und Nationalerziehung in der Schule beigebracht wurde, daß sie dieselbe Sprache sprachen, Deutsch. Aber in den tribalen Gebieten Indiens ist es zu so einer Gleichschaltung resp. Identifikation nicht gekommen. Vielmehr ist die Identifikation mit einer Sprache noch deutlicher, als es durch den Filter der nationalen Optik sichtbar ist, eine Option.

»In Gesellschaften, wo Sprechgewohnheiten nicht auf rigide Weise mit einem bestimmten Sprachnamen identifiziert sind, können die Hochschätzung eines Sprachideals oder irgendwelche mehr oder weniger phantastischen Vorstellungen Individuen dazu veranlassen, sich mit einer angesehenen Sprachgruppe zu identifizieren, die nicht unbedingt die ihrer Muttersprache ist. So geben viele einsprachige Sprecher in Nordindien (hauptsächlich auf dem Land), die verschiedene Sprachen wie Garhwalisch, Marwarisch und Bhojpurisch sprechen, Hindi als ihre Muttersprache an, weil sie sich als Teil der großen ›Hindi-Tradition‹ betrachten.« (Khubchandani 1972: 84f.)

Solche Beobachtungen enthüllen nicht nur den proteischen Charakter des Begriffs der Muttersprache, dessen Bedeutung an spezifische sozialgeschichtliche Bedingungen gebunden ist; sie zeigen auch, daß Sprachloyalitäten nicht naturwüchsig ererbt sind, sondern Inhalt von Bekenntnissen, die im erfolgreichen Fall sprachkonstituierend wirken. Die soziale Realität fluktuierender Muttersprachbekenntnisse anzuerkennen, impliziert ein

Konzept von Sprachsozialisation, das dem aktiven Beitrag des Individuums Rechnung trägt. Daß indische Wissenschaftler Sozialisation nicht als Konditionieren und Hineinpressen des Individuums in gegebene, alternativlose Formen auffassen, sondern das Moment der Wahl, des sich einer Gemeinschaft Anschließens berücksichtigen, ist da nur konsequent. »Sozialisation ist ein Prozeß, durch den man mit anderen in Beziehung tritt, indem man die Normen und Werte der Gruppe annimmt.« (Annamalai 1990) Daß Sprache nicht nur oktroyiert, sondern auch akzeptiert wird, ist nicht in allen Sprachgemeinschaften gleich offensichtlich. In manchen ist der Anschein der »natürlichen« Einsprachigkeit bzw. sprachlichen Homogenität der Gesellschaft schwerer in Zweifel zu ziehen als in anderen. Mehrsprachige Gesellschaften lassen leichter erkennen, daß Sprachsozialisation nicht die unausweichliche Fatalität ist, als die sie unter den Prämissen einer systemtheoretischen Soziologie leicht erscheint. Die Spracherwerbs- und -verwendungsbedingungen solcher Gesellschaften wecken außerdem Zweifel an der Legitimität der Sonderstellung, die Linguisten dem »Muttersprachler« einräumen, weil dieser angeblich privilegierte Kenntnisse bzw. »Intuitionen« über seine Sprache habe. Tatsächlich haben Linguisten den »Muttersprachler« erfunden, um, da selber Muttersprachler, ungestört ihre eigenen Intuitionen zur Grundlage von Sprachbeschreibungen machen zu können. Der Muttersprachler ist genauso ein Konstrukt, wie das, was er angeblich spricht, womit seine psychische Realität freilich nicht in Abrede gestellt werden soll. Ein Konstrukt ist ein Konstrukt.

Für ihr Konstrukt Muttersprache gehen Menschen unter Umständen selbst auf den Scheiterhaufen, wenn es nicht ihre Primärsprache ist und ihre Kompetenz beschränkt oder nicht vorhanden ist. Pakistanische Immigranten aus dem Pandschab, deren Primärsprache Pandschabisch ist, geben in England stets Urdu als ihre Muttersprache an, die Nationalsprache Pakistans. Zu dieser mit der muslimischen Herrschaft der Mogule assoziierten Literatursprache bekennen sich auch in Indien viele Menschen. Gelegentlich demonstrieren sie, was das heißt. Im Oktober 1994 wurden im südindischen Staat Karnataka für kurze Zeit die Fernsehnachrichten nicht nur wie bis dahin in Hindi und Englisch verlesen, sondern auch in Urdu. Die Folge war ein Blutbad, das 17 Menschenleben kostete. Hinduistische Fanatiker wollten Urdu im Äther nicht dulden, während Urdu-Anhänger das Recht auf ihre Muttersprache verlangten, die Urdu freilich nur nach ihrem Bekenntnis ist, denn in Karnataka *spricht* fast niemand Urdu als Primärsprache. Trotzdem Grund genug, zur Verteidigung der Muttersprache auf die Straße zu gehen.

Um dem nichtssagenden, aber dennoch oft genug zugkräftigen Hinweis auf »kulturelle« Unterschiede in diesem Zusammenhang zu begegnen, ist es angezeigt, den Blick nicht auf dem indischen Subkontinent verweilen zu lassen. Willentlich hervorgehobene oder erfundene sprachliche Divergenz findet sich überall: die Abspaltung des Maltesischen vom Arabischen; die Überführung persischer Dialekte Zentralasiens in eine eigenständige tadschikische Schriftsprache; die Emanzipation des Afrikaans vom Niederländischen; die des Norwegischen vom Dänischen; die des Mazedonischen vom Bulgarischen. Die Ordnung der Sprachen, die Aufteilung von Varietätenkontinua in Einzelsprachen ist keine natürliche Gegebenheit, ebenso wenig wie die Identifikation des einzelnen mit einer Sprachtradition. Der Mutterkontinent der Muttersprache ist da keine Ausnahme. Auch seine Sprachen sind wie Konfessionen, sie werden von ihren Anhängern geschaffen.

Authentizität

Plötzlich ist Maltesisch da. Gestern noch war es nur ein verachteter Dialekt. Spätestens seit die phönizische, dann griechische und schließlich römische Kolonie 1048 von arabischsprechenden sizilianischen Moslems besiedelt wurde, ist in Malta (Phönizisch: »Hafen«) ein dem tunesischen naher arabischer Dialekt heimisch. Die bewegte Geschichte der Mittelmeerinsel, die nacheinander unter byzantinischer, arabischer, normannischer, schwäbischer, aragonesischer, kastilischer, französischer und englischer Herrschaft stand und fortwährend durch den maritimen Handel ebenso wie durch die Anwesenheit verschiedener religiöser Orden mit Anderssprachigen aus Ost und West in Kontakt war, hat in den sprachlichen Ressourcen der Bewohner tiefe Spuren hinterlassen. Seit dem ausgehenden Mittelalter war Italienisch die Sprache der Bildung und des Schiftverkehrs, während man auf der Straße, auf dem Markt und für die niederen Verrichtungen des Alltags den arabischen Dialekt sprach. Als Malta 1814 britische Kronkolonie wurde, trat Englisch als Amtssprache neben Italienisch. Das blieb es auch, als die Insel nach 150 Jahren britischer Herrschaft 1964 unabhängig wurde. Italienisch wurde zurückgedrängt, insbesondere auch in seiner angestammten Domäne, der Kirche, die stattdessen immer mehr den maltesischen Dialekt verwendete. Im Laufe der Jahrhunderte hatte sich der durch den intensiven Kontakt seiner Sprecher mit nicht-semitischen Sprachen erheblich von anderen Formen des Arabischen entfernt; graphisch seit dem siebzehnten Jahrhundert durch lateinschriftliche Fixierung der Sprache manifestiert. Der romanische Einfluß und das während der Kolonialzeit hinzugekommene und danach noch an Gewicht gewinnende englische Element in Wortschatz und Aussprache geben dem Maltesischen einen nicht zu übersehenden, von vielen mit Mißbehagen registrierten Bastardcharakter.

Dieses Mißbehagen reflektiert die Stärke eines bei der Schöpfung, Bewahrung oder Umdeutung sprachlicher Traditionen immer wieder invozierten Ideologems, desjenigen der Authentizität. Die Sprache, die es zu erhalten, zu verteidigen, in ihr Recht zu setzen gilt, ist die, die unsere Väter (Mütter vielleicht auch) schon immer gesprochen, die sie uns vererbt und überantwortet haben. Neues zu schaffen, ohne Althergebrachtes dafür in Anspruch zu nehmen, wird allenthalben als schwierig empfunden. Nichts heiligt eine Veränderung so, verleiht dem Ruf nach linguistischer Eigenständigkeit größere Plausibilität, sichert leichter die Unterstützung veränderungsfeindlicher Eliten als die Verkleidung des Neuen als das Eigentliche, das Authentische, das,

»was wir selbst sind und schon immer waren«. Daher die so oft beschworene Berufung auf den unveränderlichen Kern einer Sprache, der erhalten bleibt, wie sie sich auch äußerlich und oberflächlich wandeln mag. Nichts spricht dafür, daß es einen solchen gibt, aber seine Annahme macht es so viel leichter, Identität zu proklamieren, eine bestimmte Sprachform als Ausdruck einer solchen zu apostrophieren.

Umso glaubwürdiger ist die Behauptung der Unveränderlichkeit, da Sprachgeschichte sich über Generationen erstreckt, während das Gedächtnis des einzelnen zuverlässig nicht einmal bis in die eigene Kindheit zurückreicht. Aber für eine Sprache wie Maltesisch, deren Substanz für jeden Sprecher sichtbar aus verschiedenen Quellen gespeist ist und die just von deren jüngster, dem Englischen, überschwemmt zu werden droht, läßt sich Authentizität schwer geltend machen – eine besonders prägnante Hinterlassenschaft der Kolonialherrschaft. Trotzdem wird der Versuch gemacht, ist der kollektive Wille, Maltesisch in den Rang einer »echten« Sprache zu erheben, vorhanden. Er äußert sich zu einer Zeit, als Wurzeln und völkische Identitäten als Gegengewicht zu größeren politischen und wirtschaftlichen Zusammenschlüssen, die viele Aspekte des Lebens berühren, wieder einmal in sind, im ausgehenden zwanzigsten Jahrhundert. 1990 verabschiedete die maltesische Regierung eine Resolution, die diesen Willen artikuliert: »Der Staat Malta erkennt die maltesische Sprache als eines der wichtigsten Sinnbilder der maltesischen Nation an und zollt ihr deshalb die ihr gebührende und notwendige Anerkennung, würdigt ihre prinzipielle und praktische Bedeutung und wird dafür Sorge tragen, daß diese Sprache weder verunreinigt wird noch ausstirbt.« (Zit. nach Hull 1994: 344)

Die Verfechter einer fortgesetzten maltesischen Sprachtradition konnten damit einen wichtigen Erfolg verbuchen. Auf der Ebene der politischen Willensbildung war die Erklärung ein repräsentativer Akt kollektiver Identitätsbehauptung. Sie allein kann die Existenz des Maltesischen freilich nicht sichern. Jedes einzelne Mitglied der maltesischen Sprachgemeinschaft wird durch die Wahl seiner sprachlichen Ausdrucksmittel mitentscheiden, ob es sich gegen das Englische in seiner lokalen Substandardform und als kodifizierte Schriftsprache behaupten wird. Die Wahl der Sprache jedes einzelnen Gesprächs, die den Kindern angebotene Sprache der Familie, der Schulunterricht, das Codewechselverhalten im Alltag und die lexikalische Anpassung des Maltesischen an die sich stets wandelnden Ausdrucksbedürfnisse werden bestimmen, ob das Maltesische auch in Zukunft Teil der sprachlichen Ressourcen der Malteser sein wird. Die Frage der Fortführung der maltesischen Sprachtradition ist Inhalt des politischen Diskurses auf der Insel. Ihr Ausgang, ob er in der Stärkung des Maltesischen oder in seiner Erosion und sukzessiven Ersetzung durch eine Form des Englischen bestehen wird, wird deshalb in keinem Fall ein über die Sprachgemeinschaft hereinbrechendes, sondern ein von ihr zu verantwortendes Ereignis sein.

Abgrenzung

Korrumpiert vielleicht und »überfremdet«, unterscheidet sich Maltesisch doch unbezweifelbar von den Sprachen, mit denen es in Kontakt steht oder stand, Italienisch, Französisch, Englisch. Die Anerkennung seiner Identität erleichtert das. Auch engste genetische Verwandtschaft kann jedoch die Emanzipation einer Varietät zu einer eigenständigen Sprache nicht inhibieren, wenn die Sprecher derselben den Willen dazu haben und die Vorstellung entwickeln, daß ihr Idiom eine Sprache ist. Die Abgrenzungen etwa des Jiddischen und Lëtzebuergeschen vom Deutschen weisen deutlich voluntaristische Züge auf.

Max Weinreich (1968) bezeichnete das religiöse Judentum als Quelle der jiddischen Sprache, eine These, die der Philologe Salomo Birnbaum akzeptiert. Letzterer spricht bei der Durchsicht der einschlägigen wissenschaftlichen Literatur von der »philologischen Verteidigung des Jiddischen« (Birnbaum 1986: 27). Wenn es einer solchen bedarf, dann offenkundig, weil sich die Frage nach der eigenständigen Existenz dieser Sprache nicht allein anhand objektivierbarer Kriterien beantworten läßt. Es geht mehr um ein Plädoyer als um eine Tatsachenbeschreibung – wenn man das heute, wo vielseits verneint wird, daß es außer Geschichten auch noch die Tatsachen gibt, von denen sie erzählen, noch ungestraft einen Gegensatz nennen kann.

Wie weit ist Jiddisch von anderen deutschen Varianten entfernt und seit wann? Das *Schmuelbuch* des Mosche Esrie Wearba, das 1543 in Augsburg in hebräischen Lettern gedruckt wurde, gilt vielen Philologen als wichtigste frühe jiddische Dichtung. Bettina Simons Vergleich desselben mit der in lateinischen Lettern 1562 in Ingolstadt gedruckten Version des Paulus Aemilius ergab keine relevanten Unterschiede in bezug auf Syntax und Morphologie. Sie schließt daraus gegen die Argumentation Weinreichs und Birnbaums, »daß das Schmuelbuch zwar einen inhaltlich jüdischen Text darstellt, der sich auch durch die verwendeten Buchstaben und eine spezifische Lexik an eine bestimmte Bevölkerungsgruppe wendet, der aber daraufhin nicht jiddisch, sondern eine gruppenspezifische Variante des Deutschen ist« (Simon 1988: 208). Daß J. A. Schmeller Aemilius Fassung des Schmuelbuchs als Quellenmaterial für sein *Bayerisches Wörterbuch* (1872) benutzte, betrachtet sie als weiteren Hinweis darauf, daß es sich um einen deutschen Text handelt. Angesichts des wolkigen Charakters des Deutschen, von dem oben im zweiten Kapitel die Rede war, ist das allerdings kein sehr starkes Argument. Das Problem aber wird schärfer konturiert. Jiddisch oder Deutsch, was sprachen die in Deutschland und Osteuropa ansässigen Juden? Wenn wir das Titelblatt des Schmuelbuchs befragen, so war es Deutsch (s. Abb. 2).

»ssefer [Buch] sch'muel [Samuel]. dass buch sch'muel in teutscher schprach huepsch un bescheidlich, auch kurzweilig darinen zu leien. der sch'muel isst dass ersst teil fon den ssefer m'lochim [Buch der Könige], den es kert aless zu einander. for habt ir dass ssefer m'lochim un izund hab ich den sch'muel darzu gedrukt alss ein k'ssaw [Schriftstück]. gedrukt in der keiserlichen schtat ausgsspurg im jar da man zelt dreihundert un vir in der kleinen

Abbildung 2
Frontispiz des Schmuelbuches, Augsburg 1543

zal.« (Zit. nach Best 1973: 96) »Dreihundert und vier in der kleinen Zahl« bedeutet 5304, die 1543/44 entsprechende Jahreszahl des jüdischen Kalenders.

Daß hier ausdrücklich die *teutsche schprach* genannt wird, erlaubt die Vermutung, daß Schreiber und Leser nach ihrer eigenen Vorstellung eine Form des Deutschen verwendeten. Die Verwendung hebräischer Lettern erfüllte zu der Zeit noch eine eher instrumentelle als emblematische Funktion, sollte Verständlichkeit sichern, nicht Andersartigkeit signalisieren. Überall in Europa gebrauchten die Juden das hebräische Alphabet, auch für andere Sprachen, weswegen Schriftkenntnis in diesen Lettern am weitesten verbreitet war. Die grafische Differenzierung, das darf nicht unterschätzt werden, erleichtert jedoch die Etablierung eigener sprachlicher Identität bzw. Abgrenzung. Schließlich können die »anderen« nicht einmal lesen, was geschrieben steht und erkennen, daß es dieselbe Sprache ist. Urdu in arabischer Schrift ist leichter als eine vom in Devanagari geschriebenen Hindi verschiedene Sprache auszugeben, als wenn beide dieselbe Schrift hätten. Ebenso gewinnt der Anspruch des Serbischen und Kroatischen auf Autonomie voneinander durch die kyrillisch-lateinische Doppelgrafie an Plausibilität. Im Falle des Jiddischen – der Name der Sprache ist erst seit Anfang des 20. Jahrhunderts gebräuchlich – kamen zu der Schreibweise sehr auffällige Entlehnungen aus dem Hebräischen und slawischer Sprachen hinzu, die dem Jüdisch-deutschen schon im 16. und vermehrt im 17. und 18. Jahrhundert einen distinkten Charakter verliehen. (Als weiteren Beitrag zur »philologischen Verteidigung« des Jiddischen kann man Paul Wexlers [1991] Vorschlag sehen, Jiddisch genetisch als 15. slawische Sprache einzuordnen.)

Was diesem Idiom freilich fehlte, war Ansehen. Sowohl die westlichen assimilierten »Kulturjuden«, die Hochdeutsch sprachen, als auch viele seiner osteuropäischen Sprecher selber betrachteten es als eine korrumpierte Form des Deutschen. Das änderte sich erst um die Jahrhundertwende, als einige Intellektuelle begannen, sich aktiv für Jiddisch als eine Sprache der jüdischen Diaspora einzusetzen, die es als Medium jüdischer Kultur verdiente, hochgehalten und als vom Deutschen verschiedene, nicht es unvollkommen verkörpernde Sprache anerkannt zu werden. Es waren einzelne, die diese Transformation vom Substandard zur Kultursprache ins Werk setzten. Nathan Birnbaum war einer von ihnen. (Eine Biographie von Birnbaum hat J.A. Fishman [1987] verfaßt, heute zweifellos der hingebungsvollste Verfechter der jüdischen Sprache.)

1864 in Wien geboren, wo er mit der lokalen Form des Deutschen aufwuchs, bekannte Birnbaum sich erst im Erwachsenenalter zum Jiddischen, das er zu diesem Zweck erlernen mußte. In Streitschriften auf deutsch und vereinzelt auf jiddisch predigte er vor allem den Ostjuden, die er zu mobilisieren trachtete, sich von dem Stigma des *ridikülisierten Mauschelns* zu befreien, indem sie sich zu ihrer Sprache bekannten. Dabei ging es nicht nur um die persönliche Bereitschaft, den Jargon als Sprache zu respektieren, sondern auch um offizielle Anerkennung. Jiddisch war nirgends als Sprache anerkannt, und viele Juden betrachteten es allein als Brücke zum Deutschen. Für die Vorstellung, daß es eine Sprache sei, mußte geworben werden, bei den Sprechern und den Autoritäten, die ihm z.B. durch die Zulassung als Unterrichtssprache wichtige Statusattribute verleihen konnten. Aus dieser Einsicht resultierte Birnbaums Entschluß, den ersten Weltkongreß der jiddischen Sprache zu veranstalten. Er fand 1908 in Tschernowitz in der Bukowina statt, die damals zur österreichischen Doppelmonarchie gehörte und heute in der Ukraine liegt. Der Kongreß beschäftigte sich mit folgenden Themen: Jiddische Rechtschreibung und Grammatik; Lehnwörter und Neologismen; ein jiddisches Wörterbuch; die jüdische Jugend und die jiddische Sprache; die jiddische Presse; das jiddische Theater und jiddische Schauspieler; die wirtschaftliche Situation jiddischer Schriftsteller und Schauspieler; Anerkennung der jiddischen Sprache.

Die Konferenz von Tschernowitz war ein Meilenstein für die Entwicklung des Jiddischen, was sich vor allem in dem anwachsenden jiddischen Schrifttum äußerte. Daß sein Fortbestand heute dennoch prekär erscheint, hat Gründe, die wenig mit der Konferenz zu tun haben. Der größte Teil der Sprachgemeinschaft fiel dem Holocaust zum Opfer, und viele der Überlebenden wandten sich wegen seiner Nähe zum Deutschen vom Jiddischen ab. Hebräisch – selbst das vielleicht überzeugendste Beispiel einer Sprache, die ihre heutige Existenz dem Willen und der Vorstellung einzelner, speziell Eliezer Ben-Yehuda, verdankt – wurde zur Sprache des Zionismus und dann zur Nationalsprache Israels. Jiddisch blieb die Assoziation mit einem verfaßten Gemeinwesen versagt. Darauf bzw. auf die politisch-ökonomische Absicherung des Jiddischen nicht hingearbeitet zu haben, betrachtet Joshua Fishman, der mit seinem Lebenswerk selbst das Erbe Nathan Birnbaums angetreten hat, als den größten Fehler der Tagung von Tschernowitz (Fishman 1978: 62). Aber immerhin wurde 70 Jahre später der jiddische Schriftsteller Isaak B. Singer mit dem Nobelpreis geehrt. Ebenso wenig, wie allein eine Konferenz die Fortführung einer Sprachtradition garantieren kann, ist ein Nobelpreis Gütesiegel einer solchen. Aber mit dem Preis wird Literatur ausgezeichnet, und eine solche gibt es nach landläufiger Vorstellung nicht ohne eine Sprache.

In ihrer Anzahl ist die jiddische Sprachgemeinschaft heute sehr reduziert und im wesentlichen auf orthodoxe Gemeinden hassidischer Juden beschränkt. 2 Millionen ist eine Zahl, die das Institut für jiddische Studien in Oxford nennt. Der Wille, die Sprachtradition fortzusetzen, ist ungebrochen. Im Mai 1995 fand in Vilnius, der litauischen Hauptstadt, die vor dem Zweiten Weltkrieg ein Zentrum osteuropäischen Judentums war, eine der Erhaltung der jiddischen Sprache gewidmete Tagung statt. Eröffnet wurde sie vom Generalsekretär des Europarates, Daniel Tarschys, der erklärte, daß der Rat der Förderung des Jiddischen wie auch anderer gefährdeter Sprachen verpflichtet sei.

Institutionelle Absicherung

Wie Jiddisch ist Lëtzebuergesch eine Sprache, deren Identität der engen genetischen Verwandtschaft trotzend von seinen Sprechern gegen das Deutsche behauptet wird. Im Geiste des am Anfang dieses Kapitels zitierten Luxemburger Mottos geht es um die Selbständigkeit des kleinen, zwischen Deutschland, Frankreich und Belgien eingekeilten Gemeinwesens. Bezüglich der Sprache lautete das Motto freilich zutreffender: »Wir wollen *werden*, was wir sind.« Denn die Sprache wurde erst im Laufe der Zeit zum Symbol der Eigenständigkeit aufpoliert.

Die in Luxemburg gesprochenen Mundarten gehören zum Moselfränkischen und schließen sich bruchlos an die auf der anderen Seite der deutschen Grenze gesprochenen Dialekte an. Bis ins 20. Jahrhundert hinein genossen sie ebenso wenig wie jene offiziellen Status und wurden gewöhnlich als *patois*, *Platt* oder *Lëtzebuerger-Däitsch* bezeichnet. Offizielle Anerkennung blieb den Schriftsprachen der großen Nachbarn vorbehalten, Französisch und Deutsch, die in Luxemburg beide nicht zuletzt gepflegt wurden, um sich gegenüber der jeweils anderssprachigen Großmacht abzusetzen. Die im 19. Jahrhundert erreichte politische Autonomie des Großherzogtums zog jedoch langsam auch die Aufwertung des Luxemburger Deutsch zur Sprache Luxemburgs nach sich. Entscheidenden Anteil daran hatte der Wille der Bevölkerung, der sich immer dann am deutlichsten artikulierte, wenn die Selbständigkeit bedroht oder durch Fremdherrschaft aufgehoben war. Daß sich der Staat allein auf französisch und deutsch artikulierte und sich praktisch das gesamte Schrifttum dieser beiden Sprachen bediente, hat das nicht erleichtert. Wohl aber der Druck von außen. 1939 wurde eine gesetzliche Bestimmung erlassen, die den Erwerb der luxemburgischen Staatsangehörigkeit ohne Beherrschung der lëtzebuergeschen Sprache ausschloß. Dieser Akt staatlicher Anerkennung war eine wichtige Statusaufwertung der Sprache, deren Bedeutung für Luxemburgs Eigenständigkeit so die offiziellen Weihen verliehen wurden. Die deutsche Besetzung während des Zweiten Weltkriegs tat ein Übriges, um die Luxemburger in ihrem Bekenntnis zu ihrer Sprache zu bestärken. Ein Flugblatt der Résistance thematisierte die symbolische Bedeutung der Sprache.

Ons Sprôch ass dat, wat mir draus mâchen. Dofir musse mir selwer dru gléwen, datt ons Sprôch kén Dialekt, ma eng Sprôch ass. Mir selwer mussen dofir gröndlich opraumen mat dém alen a falschen Ausdrock: ›Letzeburger Deitsch‹. Et get fir ons Sprôch nemmen en Num, an dén ass: Letzebuergesch. Et get fir ons Letzeburger nemmen eng Hémechtssprôch, an dat ass: d'Letzeburgescht!

(Zit. nach Kramer 1994: 395)

Unsere Sprache ist das, was wir daraus machen. Daher müssen wir selber daran glauben, daß unsere Sprache kein Dialekt, sondern eine Sprache ist. Wir selber müssen daher gründlich aufräumen mit dem alten und falschen Ausdruck: ›Luxemburger Deutsch‹. Es gibt für unsere Sprache nur einen Namen, und der lautet: Letzeburgesch. Es gibt für uns Luxemburger nur eine Heimatsprache, und das ist die Luxemburgische!

Nach Kriegsende ging der Aufstieg des Lëtzebuergeschen weiter. Es wurde zunehmend auch schriftlich verwendet und gewann dadurch an Prestige. Die deutsche Schriftsprache konnte es dennoch nicht in allen Funktionen ersetzen, und auch dem Französischen blieb eine wichtige Rolle erhalten, insbesondere als Sprache des Rechts. Als es drei Jahre nach dem Krieg 1948 zu einer Verfassungsreform kam, war die Zeit für eine weitere offizielle Aufwertung des Lëtzebuergeschen noch nicht reif. Die Frage der Amtssprache(n) wurde gesetzlicher Regelung überlassen. Zu einer solchen kam es schließlich 1984, als in dem *Loi sur le régime des langues* Lëtzebuergesch als einzige Nationalsprache ausgezeichnet (Art. 1) und für Verwaltungs- und juristische Zwecke gleichberechtigt neben Französisch und Deutsch gestellt wurde (Art. 3). Heute lesen die Luxemburger ihre Sprache auf Banknoten, in Sitzungsprotokollen des Parlaments, auf

Wahlplakaten und in allerlei anderen offiziellen und offiziösen Schriftstücken. Im mündlichen Umgang beherrscht sie praktisch alle Kommunikationsdomänen. Seine Neujahrsansprache hält der Großherzog auf lëtzebuergesch. Lauter Verwendungsweisen, die neben dem instrumentellen den symbolischen Wert der Sprache für das Gemeinwesen unterstreichen.

Gewiß, Lëtzebuergesch gilt weder international noch in Luxemburg selber als eine Sprache, deren Rang dem des Französischen und Deutschen gleich käme. Geschichte und Größe der benachbarten Sprachgemeinschaften und die Rolle, die deren Sprachen weiterhin in Luxemburg spielen, lassen das nicht zu. Luxemburg hat zum Beispiel nie darauf gedrungen, daß Lëtzebuergesch als Amtssprache der Europäischen Union anerkannt werde. Aber dennoch, durch emotionale Verbundenheit, symbolische Aufwertung und schließlich institutionelle Absicherung hat die lëtzebuergesche Sprachgemeinschaft konsequent den Weg vom Platt zur Sprache verfolgt und ist dabei unübersehbar vorangekommen. Ohne die kollektive Insistenz gäbe es die lëtzebuergesche Sprache nicht. Sie ist das Geschöpf einer politischen Entscheidung.

Verzicht auf Autonomie

Beispiele für den Verzicht auf die Aufwertung einer Varietät zur Sprache eigenen Rechts braucht man nicht weit zu suchen. Ungeachtet ihrer politischen Autonomie und der wichtigen Rolle der lokalen Sprachformen für ihr Selbstverständnis, ungeachtet auch der beträchtlichen Distanz dieser Varietäten von anderen deutschen Dialekten, haben die Schweizer bisher nie ernsthaft die schriftliche Kodifizierung des Schweizerdeutschen mit dem Ziel der Sprachautonomie betrieben. Freilich wird es immer wieder für notwendig gehalten, diesen Verzicht zu rechtfertigen: »Die lebendige und wirklich ›gebrauchte‹ Sprache [des Deutschschweizers] aber ist seine alemannische Mundart, welche manche geradezu als die Muttersprache des deutschen

Schweizers ansehen möchten und nicht erkennen, dass vertrauter Dialekt und gehobene Schriftsprache doch nur zwei Formen der einen deutschen Mutterrede sind.« (Zinsli 1964: 21) Ähnlich gibt es in der arabischsprachigen Welt keine relevanten Sprachbewegungen, die die Selbständigkeit des Marokkanischen, Tunesischen oder Irakischen auf ihr Panier geschrieben hätten. Dabei unterscheiden sich die gesprochenen Varietäten des Arabischen sicher nicht weniger voneinander als Lëtzebuergesch, ja selbst Jiddisch von Deutsch. Aber es gibt kein kollektives Bedürfnis, mit der Sprache anstelle der panarabischen Idee und der islamischen Religion die einer Staatsnation – Marokko, Tunesien, Irak – zu verbinden. So ist man es zufrieden, Arabisch als *eine* Sprache bestehen zu lassen und sich als Dialektsprecher derselben zu verstehen. Abgesehen von einem kurzen sprachnationalistischen Aufzucken in den Vereinigten Staaten kurz vor und nach der Unabhängigkeit, aus dem die amerikanische im Unterschied zur englischen Rechtschreibung geboren wurde, war bisher auch in den englischsprachigen Ländern die Neigung zur Sprachautonomie gering. Bei allen Unterschieden im einzelnen wird der offensichtliche Wert der Teilhabe an der Weltsprache durchweg höher geschätzt als die politische Instrumentalisierung einer ihrer nationalen Varietäten. Die Flamen akzeptieren den niederländischen Standard für ihre Sprache, denn seit es den Staat Belgien gibt, sind die politischen Antipoden, gegen die es sich zu behaupten gilt, die frankophonen Wallonen, nicht die Niederländer jenseits der Grenze. Die *Nederlandse Taalunie*, der niederländisch-flämische Sprachverbund, wird politisch bejaht, während vereinzelte Rufe nach der sprachlichen Selbstbehauptung (van Haver 1989) der Flamen ohne Echo verhallen. Obwohl sich das kanadische Joual erheblich vom französischen Französisch unterscheidet, hält Quebec an der metropolen Norm fest und pflegt im Verein mit Frankreich die *Francophonie* als eine nominell kulturelle, deshalb aber nicht minder politische Vereinigung.

Wiedervereinigung

Sprachen werden durch politische Akte geschaffen, individuiert, oder eben auch nicht. Können solche Entscheidungen rückgängig gemacht werden? Der schon angesprochene Fall der Auflösung der sozialistischen Serbo-kroatischen Sprache in ihre nationalistischen Nachfolger Serbisch und Kroatisch bzw. Bosnisch deutet darauf hin, obwohl die Kürze der verflossenen Zeit eine klare Beurteilung bisher nicht zuläßt. Die Auflösung der Sowjetunion hat weiteres Material zum Studium der Frage der Reversibilität politisch motivierter Sprachindividuierung geliefert. Moldawisch war bis 1989 neben Russisch die offizielle Sprache der südlichen Sowjetrepublik Moldawien. Diese Sprache war ein Geschöpf des sowjetischen Imperiums, dem die Provinz, das ehemalige Bessarabien, 1944 einverleibt wurde. Um seine Eigenständigkeit sichtbar zu machen, wurde die von ihren Sprechern so genannte *limba moldoveneasca* mit kyrillischen Lettern geschrieben. Die Abspaltung vom eng verwandten Rumänisch westlich des Pruth sollte damit zementiert, die Existenz einer moldawischen Nationalität unter Beweis gestellt werden. Durch den Kontakt mit dem Russischen wurde der Abstand zwischen Moldawisch und Rumänisch vergrößert, während es gleichzeitig durch die beherrschende Position des ersteren im Sowjetreich marginalisiert wurde. Unter dem Druck des Russischen verkümmerte die moldawische Kompetenz vieler Sprecher. Die mangelnde Pflege, die das Moldawische als Folge davon erfuhr, wirkte sich letztlich gegen den für es erhobenen Autonomieanspruch aus. Sobald die Politik der Perestroika das Abbröckeln der sowjetischen Macht anzeigte, wurde die Sprache zum Katalysator einer antisowjetischen und antirussischen Bewegung (vgl. Heitmann 1989). Schon 1988 entstand der Mateevici-Club zur Rettung der moldawischen Sprache und kulturellen Identität. Anfangs war die Richtung, die eingeschlagen werden sollte, nicht klar zu erkennen, da alles, was auf eine Annäherung an Rumänien hindeutete, angesichts des totalitären Regimes dort ebenso unattraktiv war wie der Verbleib unter sowjetischer

Herrschaft. Aber schon bald wurden klare Forderungen erhoben: Verzicht auf die Zwei-Sprachen-Theorie, d.h. Anerkennung der Identität von Moldawisch und Rumänisch; Rückkehr zur Lateinschrift; Ersetzung des Russischen durch das Moldawische als Sprache interethnischer Kommunikation in der Republik; geeignete Mittel zur Förderung der Stellung des Moldawischen im öffentlichen Leben. Die 1991 unabhängig gewordene Republik Moldawien erkennt den Standard des Rumänischen an. Die Etablierung dacorumänischer Dialekte als eigenständiger moldawischer Sprache ist durch diese Wiederankoppelung an das Rumänische rückgängig gemacht worden.

»Es wächst zusammen, was zusammen gehört«, sagt in so einem Fall der wortgewandte Politiker, als wäre damit etwas Selbstevidentes zum Ausdruck gebracht und nicht vielmehr ein Appell formuliert. Und wenn er, um das Zusammengehören sprachlich zu begründen, ein philologisches Expertengutachten braucht, wird er es kriegen, obwohl jeder Sachverständige, der auf sich hält, dazu nur sagen könnte: »Macht, was ihr wollt!« Denn das ist ja das einzige, worauf es ankommt.

Macht der Vorstellung, Wirkung des Entwurfs

Lëtzebuergesch und Jiddisch soll es nach dem Willen ihrer Sprecher geben, Serbo-kroatisch und Moldawisch nicht. Dahinter stehen politische Willensäußerungen, politisch auch dann, wenn sie kein politisch verfaßtes Gemeinwesen betreffen, da eine Sprache für ihr Bestehen eines Ensembles von Individuen bedarf. Welche Wirkung haben aber solche Entwürfe, die Gruppen von Menschen von sich als A- und nicht etwa B-sprachige machen? Nicht jede Sprachbewegung hat Erfolg, aber das ist bei politischen Sezessionsbewegungen nicht anders. Daraus allein läßt sich kaum der Schluß ziehen, wie manche Sprachhistoriker glauben möchten, daß Sprachentwicklung ein Prozeß ist, der über die Köpfe der Sprecher hinweggeht, unabhängig und unbeeinflußbar von dem, was sie denken. Sprache zu benutzen, heißt auswählen aus Dialekten, Gruppenjargons, Stilvarietäten und Sprachen; heißt Entscheidungen treffen, die das individuelle Sprachverhalten betreffen, die Darstellung der eigenen Person, Assoziation mit oder Abgrenzung von anderen, die Stärkung einer Gruppe oder ihre Schwächung. Menschliche Vereinigungen sind eine Notwendigkeit der menschlichen Existenz, aber sie sind keine natürliche Gegebenheit. Nationen insbesondere sind geistige Entitäten. Mit einer vielzitierten Metapher hat Ernest Rénan (1947) sie als *un plébiscite de tous les jours*, als tägliches Volksbegehren, bezeichnet, und Benedict Anderson (1983) nennt sie im gleichen Geist *Imagined Communities*. Sprachen, das offenbaren die besprochenen Beispiele, sind gleichfalls geistige Entitäten, die menschlichen Entwürfen, nicht der Natur entspringen. Was die »Deutsch«, »Lëtzebuergesch«, »Niederländisch«, »Afrikaans«, »Jiddisch«, »Norwegisch«, »Dänisch« genannten Sprachformen und viele andere offenbaren, ist, daß der Zusammenhang zwischen Sprache und Nation genau umgekehrt ist, wie die Apologeten der Sprachnation stets glauben machen wollen. Die Existenz der A-Nation gründet nicht »natürlich« in der ihr vorausgehenden Existenz der Sprache A, sondern in dem Willen der Menschen, A und nicht etwa B zu sprechen, und sei es, daß zu diesem Zweck A erst geschaffen werden muß. Dieser Wille äußert sich als politische Handlung, auch wenn eingefahrene Gleise – Schulpläne, Wörterbücher, Industriestandards, etc. –, die Veränderungen unmöglich erscheinen lassen, das in vielen Fällen überdecken.

Sprachenwahl als politische Handlung

Fast nirgends stimmen Sprachgrenzen mit Staatsgrenzen überein, und höchstens zwei Drittel aller gegenwärtig existierenden Staaten haben eine Sprache, die einer Mehrheit der Bevölkerung gemein ist. Überall gibt es Institutionen, die versuchen, das zu korrigieren, Lösungen für daraus entstehende Probleme suchen oder aus anderen Gründen auf den sozialen Status von Sprachen oder deren Ausdruckspotential einwirken. Überall auch stößt man auf Sprachenwahl als politisches Handeln und Gegenstand politischer Konflikte.

Daß die Jakobiner Französisch zur Sprache der Revolution, der Republik und Frankreichs machten und die anderen auf dem Staatsterritorium vertretenen Sprachformen als feudalistische Erblast brandmarkten, war eine eminent politische Handlung (Grillo 1989: 33f.). Die alte hebräische Sprache des Kults wieder für den Alltag in Dienst zu stellen und als Ivrit zur Sprache der Juden Palästinas und dann Israels zu machen, war eine politische Entscheidung. Daß die Verfassung des 1990 unabhängig gewordenen Namibia Englisch als einzige Amtssprache des Landes auszeichnet (Art. 3, 1) und das vorher statusgleiche Afrikaans mit anderen Minderheitensprachen gleichstellt, ist eine politische Handlung, durch die der früheren Machtelite ihre beherrschende Stellung aberkannt wird (Haake 1993/94). Daß ebenfalls 1990 der Kreis Anklam in Mecklenburg-Vorpommern Plattdeutsch zu seiner zweiten Amtssprache machte, war eine politische Handlung, zu der es in jedem anderen Kreis der Bundesrepublik Deutschland ein Pendant geben könnte, aber nicht gibt. Daß Algerien eine Arabisierungspolitik verfolgt, die Französisch in allen Funktionen durch Arabisch ersetzen soll, ist eine politische Handlung, die im Widerstand gegen die Kolonialherrschaft wurzelt und heute verhindern soll, daß der nationalistische Diskurs von islamischen Fundamentalisten monopolisiert wird. Daß Burundi, wo 95% der Bevölkerung Kirundi sprechen, Französisch zur Amtssprache von Verwaltung und Schule gemacht hat, ist eine politische Handlung, durch die gleichzeitig die Verbindung mit der französischsprachigen Welt und die Macht der französischsprechenden Elite aufrechterhalten werden sollen. Daß die Schöpfer der amerikanischen Verfassung darauf verzichteten, irgendeine Sprache zur Amts- oder Nationalsprache der Vereinigten Staaten zu machen, war ein Bekenntnis zur Freiheit, eine politische Entscheidung. Und ein sie konterkarierender politischer Entwurf ist es, wenn heute fremdenfeindliche, insbesondere antihispanische Gruppen im Land der Freien anstreben,

Englisch zur alleinigen offiziellen Sprache zu machen. Südafrika ist gegenwärtig damit beschäftigt, die sprachlichen Verhältnisse der vom Joch der Apartheit befreiten Gesellschaft im Sinne eines friedlichen Miteinander rechtlich neu zu ordnen, eine Aufgabe von höchster politischer Brisanz (Webb 1992). Die Nachfolgestaaten der Sowjetunion haben ohne Ausnahme sprachpolitische Entscheidungen, meist zu Ungunsten des Russischen getroffen.

Sprachen sind disponibel. Gewiß, manche haben ein größeres spezifisches Gewicht als andere. Französisch erscheint französischer als Mazedonisch mazedonisch ist. Das liegt an der historischen Tiefe, die die beiden Sprachen als von ihren Sprechern als solche anerkannte Entitäten aufzuweisen haben. Dennoch, Sprachen gehören überall zur politischen Dispositionsmasse. Wie Individuen wählen auch Gemeinwesen ihre Sprachen. Über sie wird aus politischen Gründen und durch politisches Handeln verfügt. Ob und wie sprachpolitische Verfügungen greifen, hängt freilich ebensowenig allein von staatlicher Autorität wie von der Natur ab. Denn Sprachen existieren Kraft des Willens ihrer Sprecher. Die Römer brachten den Zusammenhang auf den Begriff: *Leges sine moribus vanae*, ohne den Willen, der sie trägt, sind Gesetze hohl. Daß es eine Sprache gibt und daß sie einen bestimmten Status hat, kann per Gesetz festgeschrieben werden, aber nur die sprechenden Individuen können eine entsprechende soziale Wirklichkeit schaffen, indem sie sich zu einer Sprachform bekennen und sie als konstitutiv für die sozialen Beziehungen, die sie eingehen, akzeptieren.

ÜBERBLICK

I Die Wahl der Worte und der Sprachen

Die These wird entwickelt. Sie lautet: Wer spricht, wählt aus.
Dadurch, daß sie ihre Worte, wählen, wirken Sprecher auf die
Entwicklung und Veränderung ihrer Sprache ein. Daher steht
die Wahl der Worte mit der Existenz nicht nur verschiedener
Ausdrucksformen, Codes, und Stile, sondern auch mit der verschiedener Dialekte und Sprachen in Zusammenhang. Auf der
individuellen und auf der kollektiven Ebene hat Sprache einen
wichtigen voluntaristischen Aspekt. Wir wählen die Worte und
die Sprache, die wir benutzen.

II Deutsch – eine Wolke:
Variationen über ein Thema

»Deutsch« ist ein Name. Was bezeichnet er? Die Antwort, die
hier vorgeschlagen wird, heißt: Das hängt davon ab, was die
Sprecher wollen, daß er bezeichnet. Das Deutsche ist kein Ding,
das an und für sich bestimmte Eigenschaften hat. Es ist vielmehr
ein soziales Konstrukt, das aus einer diffusen Menge von Eigen-

schaften, die ohne klare Abgrenzung über orts- und zeitspezifische Ausdrucksformen verteilt sind, aus externen, hauptsächlich sozio-politischen Gründen eine Untermenge auswählt. Da keine sprachliche Eigenschaft unveränderlich ist, bezeichnet »Deutsch« keine wesensmäßige, sondern nur eine soziale d. h. vom Willen seiner Sprecher abhängige Identität. Besonders deutlich zeigt sich das bei der Abgrenzung des Deutschen von anderen Sprachen.

III Gefängnis Sprache – eine Irreführung

Da Sprache veränderlich und variabel ist, kann sie eine emanzipatorische Funktion erfüllen. Die einzelne Sprache denkt nicht für die, die sie benutzen. Sie ist kein Gedankengefängnis, sondern wird von ihren Benutzern so zurechtgebogen, daß sie zum Ausdruck der zu äußernden Gedanken taugt. Zwischen Muttersprache und anderen Sprachen besteht da kein schwerwiegender Unterschied. Tatsächlich ist »Muttersprache« ein ziemlich leerer Begriff, der dennoch oft mißbraucht wird. Die Muttersprache ist keinesfalls eine Fatalität. Sie gehört vielmehr zu den Dingen, die man sich aussucht.

IV Das bessere Wort: Wortprägung, Sprachregelung, Sprachschöpfung

Obwohl ihren Sprechern vorgegeben, sind Sprachen doch deren Geschöpf. Differenzen zwischen Sprachen werden mehr erfunden als entdeckt. Darüber kann auch der Begriff der natürlichen Sprache nicht hinwegtäuschen, der scheinbar das Objekt bezeichnet, das Sprachwissenschaftler studieren. Da jedes Wort von Menschen geprägt ist und jede Äußerung auf menschlichen Entscheidungen beruht, sind Sprachen ebenso sehr künstliche wie natürliche Objekte. Individuen und Institutionen greifen steuernd in Sprachgebrauch und Sprachwandel ein. Ihre Leistung wird in diesem Kapitel untersucht.

V Sprachmeister: Autoren wählen ihre Sprache

Sprachwahl ist besonders wichtig, wo nicht nur eine Botschaft möglichst effizient transportiert werden soll, sondern die Form selber zu einem Teil des Inhalts wird, in der Literatur. Schriftsteller wählen ihre Worte besonders behutsam. Hier wird mit der Vorstellung aufgeräumt, daß ihnen dieses Geschäft leichter fällt oder besser gelingt, wenn diese Worte ihrer Muttersprache angehören, mit der sie vermeintlich auf natürliche oder besonders innige Weise verbunden sind. Mit den Worten wählen viele Autoren auch die Sprache ihres literarischen Ausdrucks. Sie sind die Meister der Sprache, nicht ihre Knechte. Beispiele werden es erweisen.

VI Mit anderen Worten – Sprachen nebeneinander und gegeneinander

Zwischen zwei oder mehr Sprachen zu wählen, erscheint nur im Zusammenhang literarischen Schaffens exzeptionell, und da zu unrecht. Mehrsprachigkeit ist der kommunikative Alltag eines großen Teils der Menschheit. Die Auswahl zwischen Worten zweier Sprachen und diesen selbst ist in vielen Milieus so normal, daß die fraglichen Sprachen, Varietäten und Dialekte nicht voneinander unabhängige Systeme darstellen, sondern Teile eines übergeordneten Systems, deren Verwendung durch sprachliche und soziale Regeln geleitet wird. Individuelle und soziale Mehrsprachigkeit, die funktionsspezifische Distribution von Sprachformen und die systematischen und kontextuellen Bedingungen des Umschaltens von einer Sprache in die andere im Verlauf eines Gesprächs kommen zur Sprache.

VII Sprache als Bekenntnis

Unter den Gründen für die Wahl einer Sprache spielen politische eine hervorragende Rolle. Sprachen werden gewählt, um Herrschaftsansprüchen symbolisch Ausdruck zu geben; um Herrschaft über das öffentliche Gespräch auszuüben; um sich zu einer Gruppe zu bekennen und kollektive Identität zu perpetuieren; um die Existenz einer Sprache und ihrer Sprachgemeinschaft zu bekräftigen und ihren Fortbestand zu gewährleisten. Jede Sprache erweist sich aus dieser Sicht als Produkt eines kollektiven Willens, in den aufeinander bezogene Einzelwillen eingehen. Womit die politische Seite des voluntaristischen Aspekts der in Kapitel II diskutierten Sprachkonstruktion in den Vordergrund rückt. Eine Diskussion der Frage, wie das Individuelle und das Kollektive zusammenwirken, um Sprache im Plural und nicht nur im Singular bestehen zu lassen, bildet den Abschluß.

LITERATUR

Achebe, Chinua (1965), »English and the African Writer«, *Transition 4/18*
Adorno, Theodor W. (1969), *Noten zur Literatur III*, Frankfurt/M.
Ahlzweig, Claus (1994), *Muttersprache – Vaterland. Die deutsche Nation und ihre Sprache*, Opladen
Alder, L. /Dalby, R. (1979), *The Dervish of Windson Castle. The Life of Arminius Vambery*, London
Anderson, Benedict (1983), *Imagined Communities. Reflections on the Origin and Spread of Nationalism*, London; dt.: *Die Erfindung der Nation. Zur Karriere eines folgenreichen Konzepts*, Frankfurt/M. 1988
Annamalai, E. (1990), »Linguistic Dominance and Cultural Dominance: A Study of Tribal Bilingualism in India«, in: Debi P. Pattanayak (Hg.), *Multilingualism in India*, Clevedon
Bach, Adolf (1938), *Geschichte der deutschen Sprache*, Leipzig
Best, Otto F. (1973), *Mameloschen. Jiddisch – Eine Sprache und ihre Literatur.* Frankfurt/M.
Birnbaum, Salomo A. (1986), *Die jiddische Sprache*, 2. Aufl. Hamburg
Boccaccio, Giovanni (1875), *La Vita di Dante*, Paris; dt.: *Das Leben Dantes*, Frankfurt/M. 1987
Boschung, Peter (1986), *Spätlese*, Freiburg
Brauner, Siegmund (1994), »Zur Herausbildung und Entwicklung des Schona als moderne nationale Literatursprache Simbabwes«, in: István Fodor/Claude Hagège (Hg.), *Language Reform, La Réforme des Languages, Sprachreform*, Hamburg, Bd. VI, S. 163–175

Brenzinger, Matthias (1996), »Language Contact and Language Displacement«, in: Florian Coulmas (Hg.), *Handbook of Sociolinguistics*, Oxford

Bugarski, Ranko (1995), *A problem of language identity: The comparative linguistics of Serbo-Croatian*. Vortrag auf der 28. Tagung der Societas Linguistica Europaea, Leiden 31. 09. 1995

Canetti, Elias (1977), *Die gerettete Zunge. Geschichte einer Jugend*, München

Caxton, William (1477), *Prolog zu Eneydos*, London 1971

Claius, Johannes (1578), *Grammatica Germanicae linguae, ex bibliis Lutheri Germanicis et aliis eius Libris collecta*. Leipzig

Clyne, Michael (Hg.) (1992), *Pluricentric Languages. Differing Norms in Different Nations*, Berlin, New York

Conrady, Karl Otto (Hg.) (1977), *Das große deutsche Gedichtbuch*, Frankfurt/M.

Delius, Hans-Ulrich (Hg.) (1979), *Martin Luther Studienausgabe*, Berlin, Bd. 3

Dann, Otto (1993), *Nation und Nationalismus in Deutschland 1770–1990*, München

Darwin, Charles Robert (1871), *The Descent of Man and Selection in Relation to Sex*, London; dt.: *Die Abstammung des Menschen und die geschlechtliche Zuchtwahl*, Stuttgart 1871

Denison, Norman (1996), »Language change in progress: variation as it happens«, in: Florian Coulmas (Hg.), *Handbook of Sociolinguistics*, Oxford

Dilke, Charles Wentworth (1868/69), *Greater Britain: A Record of Travel in English-Speaking Countries*, 2 Bde., London

D'souza, Jean (1992), »Dimensions of South Asia as a Sociolinguistic Area«, in: E. C. Dimrock/B. B. Kachru/B. H. Krishnamurti (Hg.), *Dimensions of Sociolinguistics in South Asia*, Neu Delhi

Engel, Eduard (1918a), *Sprich Deutsch! Zum Hilfsdienst am Vaterland*, Leipzig

– (1918b), *Entwelschung*, Leipzig

Fanon, Frantz (1952), *Peau Noire, Masques Blancs*, Paris

Farías, Victor (1987), *Heidegger et le nazisme*, traduit de l'espagnol et de l'allemand par Myriam Benarroch et Jean-Baptiste Grasset, Lagrasse; dt. (1989), Heidegger und der Nationalsozialismus, Frankfurt/M.

Finlayson, Rosalie; Slabbert, Sarah (1995), *I'll meet you halfway with language – Codeswitching within a South African urban context*, Vortragsmanuskript, University of South Africa, University of the Witwatersrand

Fishman, Joshua A. (1987), *Ideology, Society and Language. The Odyssey of Nathan Birnbaum*, Ann Arbor

Fleutiaux, Pierrette (1994), *Allons-nous être heureux?*, Paris

Gardner-Chloros, P. (1991), *Language Selection ans Switching in Strasbourg*, Oxford

Grillo, Ralph D. (1989), *Dominant Languages. Language and Hierarchy in Britain and France.* Cambridge

Haacke, Wilfried (1993/94), »Language Policy and Planning in Independent Namibia«, in: *Annual Review of Applied Linguistics*, Bd. 14, S. 240–253

Haas, W (1994), »Zur Rezeption der deutschen Hochsprache in der Schweiz«, in: Georges Lüdi (Hg.), *Sprachstandardisierung*, Freiburg, S. 193–227

Haver, Z. B. J. van (1989), *Noorderman en Zuiderman. Het taalverdriet van Vlaanderen* [Nordmann und Südmann. Der Sprachkummer Flanderns], Lannoo

Heine, Bernd (1980), »Language and Society«, in: B. Heine/W. J. G. Möhlig (Hg.): *Language and Dialect Atlas of Kenya*, Berlin

Heitman, Klaus (1989), »Probleme der moldauischen Sprache in der Ära Gorbacev«, in: *Südosteuropa 38*, S. 29–53

Hobsbawm, Eric J. (1983), »Introduction: Inventing Traditions«, in: Eric Hobsbawm/Terence Ranger (Hg.), *The Invention of Tradition*, Cambridge

Hull, Geoffrey (1994), »Maltese from Arabic Dialect to European Language«, in: István Fodor/Claude Hagège (Hg.), *Language Reform, History and Future*, Hamburg

Humboldt, Wilhelm von (1823), »Über den Nationalcharakter der Sprachen«, in: *Werke in fünf Bänden*, Hg. von Andreas Flitner und K. Giel, Stuttgart 1963, Bd. III, S. 64–81

– (1830–1835), »Über die Verschiedenheit des menschlichen Sprachbaues und ihren Einfluss auf die geistige Entwicklung des Menschengeschlechts«, in: *Werke in fünf Bänden*, Stuttgart 1963, Bd. III, S. 368–756

Khubchandani, Lachman M. (1972), »Fluidity of Mother Tongue Identity«, in: *Association Internationale de Linguistique Appliquée Third Congress*, Heidelberg

Kleist, Heinrich von (1805), »Über die allmähliche Verfertigung der Gedanken beim Reden«, in: *Sämtliche Werke*, Berlin 1960, S. 1036

Klopstock, Friedrich Gottlieb (1774), *Die deutsche Gelehrtenrepublik*, Berlin 1975

Kramer, Johannes (1994), »Lëtzebuergesch – eine Nationalsprache ohne Norm«, in: I. Fodor/C. Hagège (Hg.), *Language Reform. History and Future*, Hamburg, Bd. VI

Ladefoged, Peter (1992), »Discussion Note«, in: *Language 68/4*

Lemmer. S. Manfred (Hg.) (1987), *Beiträge zur Sprachwirkung Martin Luthers im 17. und 18. Jahrhundert*, Halle/S.

Lexer, Matthias (1977), *Mittelhochdeutsches Taschenwörterbuch*, 35.Aufl. Stuttgart

Malotki, Ekkehart (1983), *Hopi time: A linguistic analysis of temporal concepts in the Hopi language*. Berlin

Matter, Mani (1973), *Warum syt dir so truurig? Berndeutsche Chansons*, Zürich

Mengham, Rod (1995), *Im Universum der Worte*, Stuttgart

Möhn, Dieter (1983), »Geschichte der niederdeutschen Mundarten«, in: Gerhard Cordes/Dieter Möhn (Hg.), *Handbuch zur niederdeutschen Sprach- und Literaturwissenschaft*, Berlin, S. 154–181

Morin, Y.-C. (1987), »French data and phonological theory«, in: B. Wenk/J. Durand/C. Slaten (Hg.), *French Phonetics and Phonology 25*

Müller, Rolf (1991), »Ergänzende Gedanken zur Entstehungsgeschichte der Sprache, die wir Neuhochdeutsch nennen«, in: Jürgen Dittmann/Hannes Kästner/Johannes Schwitalla (Hg.), *Die Erscheinungsformen der deutschen Sprache: Literatursprache, Alltagssprache, Gruppensprache, Fachsprache*, Berlin, S. 61–75

Myers-Scotton, Carol (1993a), *Duelling Languages. Grammatical Structures in Codeswitching*, Oxford

– (1993b), *Social Motivations for Codeswitching. Evidence from Africa*, Oxford

Narayan, R. K. (1989), *My Days,* London

– (1991), *The English Teacher*, London

Nietzsche, Friedrich (1967), »Jenseits von Gut und Böse. Vorspiel einer Philosophie der Zukunft«, in: *Werke in zwei Bänden*, München, Bd. 2, S. 9–173

Pullum, Geoffrey K. (1991), *The great Eskimo vocabulary hoax and other irreverent essays on the study of language*, Chicago

Pusch, Luise F. (1992), »Zur Position der feministischen Linguistik«, in: Hans Bickes/Margot Brunner (Hg.), *Muttersprache frauenlos? Männersprache Frauenlos? PolitikerInnen ratlos?*, Wiesbaden. S. 6–33

Rénan, Ernest (1947), »Qu'est-ce qu'une nation?«, in: *Œuvres Complètes*, Paris, Bd. I, S. 887–906

Ridruejo, E. (1988), »El cambio sintáctico a la luz del functionalismo coseriano«, in: H. Thun (Hg.), *Energeia und Ergon, II*, Tübingen, S. 121–133

Sapir, Edward (1921), *Language*, New York, 15, 22

Saussure, Ferdinand de (1931), *Grundfragen der Allgemeinen Sprachwissenschaft*, Berlin, Leipzig

Schulze, Hagen (1994), *Staat und Nation in der europäischen Geschichte*, München

Semprún, Jorge (1993), *Federico Sanchez vous Salue Bien*, Paris; dt. (1994): *Federico Sanchez verabschiedet sich*, Frankfurt/M

– (1994), *L'Écriture ou la Vie*, Paris

Simon, Bettina (1988), *Jiddische Sprachgeschichte. Versuch einer neuen Grundlegung*. Frankfurt/M.

Sinclair, Hermina (1987), »Language: A gift of nature or a home-made tool?«, in: S. Modgil/C. Modgil (Hg.), *Noam Chomsky. Consensus and Controversy*, New York, S. 173–180

Solèr, Clau (1983), *Sprachgebrauch und Sprachwandel*, Diss. Zürich

– (1994), »Sprachkontakt=Sprachwechsel. Deutsch und Romanisch in Graubünden«, Vortrag auf dem Kongreß *Sprachkontakte im Alpenraum*, Brig

Stark, Franz (1993), *Faszination Deutsch, Die Wiederentdeckung einer Sprache für Europa*, München

Stopp, Hugo (1978), »Verbreitung und Zentren des Buchdrucks auf hochdeutschem Sprachgebiet im 16. und 17. Jahrhundert«, in: *Sprachwissenschaft* 3, S. 237–261

Stubbs, Michael (1989), *Language and Literacy*, London

Takao, Suzuki (1973), *Kotoba to bunka [Sprache und Kultur]*, Tokio

Thiong'o, Ngugi Wa (1986), *Decolonising the Mind. The Politics of Language in African Literature*, London

Webb, V. N. (Hg.) (1992), *Afrikaans na Apartheid*, Pretoria

Weinberg, Steven (1980), *Die ersten drei Minuten*, München

Weinreich, Max (1968), »Yidishkayt and Yiddish – On the Impact of Religion on Language in Ashkenasic Jewry«, in: Joshua A. Fishman (Hg.), *Readings in the Sociology of Language*, Den Haag, S. 382–413

Weisgerber, Johannes Leo (1941), »Die deutsche Sprache im Aufbau des deutschen Volkslebens«, in: ders.: *Von deutscher Art in Sprache und Dichtung*, Stuttgart

– (1957), »Der Mensch im Akkusativ«, in: *Wirkendes Wort*, Stuttgart, S. 193–205

Whorf, Benjamin Lee (1963), *Sprache, Denken, Wirklichkeit*, Reinbek

Wolf, Herbert (1984), »Die Periodisierung der deutschen Sprachgeschichte«, in: Werner Besch/Oskar Reichmann/Stefan Sonderegger (Hg.), *Sprachgeschichte. Ein Handbuch zur Geschichte der deutschen Sprache und ihrer Erforschung.* Berlin, Bd. I, S. 815–823

Wright, Roger (1991), *Latin and the Romance Languages in the Early Middle Ages*, London

Zhengchun, Song (1992), »Multilingual Families in Xingjiang«, in: *International Journal of the Sociology of Language* 97

Zinsli, Paul (1964), *Vom Werden und Wesen der mehrsprachigen Schweiz.* Schriften des Deutschschweizerischen Sprachvereins Nr. 1, Bern